JN107490

大学入学共通テスト・
国公立２次・私立大対応

日本史

図版・史料

読みとり

KANNO YŪKŌ
菅野祐孝

問題集

山川出版社

大学入学共通テスト・国公立２次・私立大対応
日本史　図版・史料読みとり問題集

＜まえがき＞

　高等学校で使用されている教科書には，それぞれの時代の出来事に対する理解を助けるために，さまざまな図版が取り入れられています。写真・地図・絵図・系図・統計・グラフ・表など，たくさんの図版が掲載されていますが，これまで図版は視覚資料として単に「見る」だけのものでした。ところが大学入学共通テストの導入と相まって，図版はそれまでの「見る資料」から「読む資料」へ，すなわち「図版の解読」が重視されるようになったのです。

　また，授業において図版をどのように活用するか，どのように指導するかにいたっては，高校によっても指導者によっても教授方法がまったく異なるうえに，統一されていないのが実情です。

　今や図版は大学入試問題においてもよく出題されるようになりましたが，その図版について，入試突破のために「何をどこまで理解すればいいのか」，あるいは「何をどのように覚えればいいのか」といった指導は，これまで十分に時間をかけてなされてこなかったために，受験生にとっては大きな不安材料となっていることも事実です。

　本書は，そうした受験生のもつ不安や懸念に対して，解決法の一つを示したものです。高校の授業において，図版について「どのように指導するのか」ではなく，入試問題の作成者が図版を使って「どのように出題するのか」に特化した問題集です。

　第１部には，ウォーミングアップとして大学入学共通テストに向けた問題を実戦模試として配し，第２部の図版・史料問題では，教科書に登場する主要な図版について，何を押さえればいいのかを２択の問題形式で示しました。解説文を完成させながら全体像が把握できるように原始・古代〜現代までを58問にまとめ，教科書学習を補うワークブックとしても活用できるように編纂しました。

　２択問題をサクサク解きながら読み進めれば，その図版のポイントや，どのような情報を読み取ればいいのかがはっきりとわかるので，大学入学共通テストはもちろん，国公立２次，私大入試に対する基礎力確認にも必ず役立つはずです。

　本書を日本史における図版・史料学習の要点集として活用し，図版・史料を「読み取る」という学習を通して「理解力」や「読解力」，「思考力」を身につけることを願ってやみません。

2020年　　　　　　　　　　　　　　　　　　　　　　　　　　　　　菅野祐孝

目　次

はじめに

第1部　大学入学共通テスト　実戦模試 …………………… 2

第2部　図版・史料問題

第1章　原始・古代

第2章　中　世

第3章　近　世

第4章　近現代

第1部　大学入学共通テスト　実戦模試

大学入学共通テスト　実戦模試

第1問　和食文化の発達に関する次の文を読み，あとの問い（**問1〜5**）に答えよ。

　2013年に「和食：(1)日本人の伝統的な食文化」が(2)ユネスコの無形文化遺産に登録された。和食は長い間，日本人の食文化の中心として人々の健康に寄与し，(3)日本の伝統行事や自然とも密接に結び付きながら，四季の移ろいの中で多種多様な表現で食卓に供されてきた。和食は食材・調理法・盛り付け・食べ方・栄養バランスそれぞれにおいて優れており，それが洋食と比較した場合の大きな特徴となっている。和食を支えたのは米文化であり，ご飯と一汁一菜を基本とする食風景は長い年月をかけて培われ，これまで連綿と受け継がれてきた。その背景には水田と畑作，酪農を中心とする農業の発達と交通・流通網の整備があり，(4)農業に対する知識や政府による農業政策，農村対策も農業生産力に対して大きな影響力をもった。また海洋国である日本では，漁業や製塩業などの水産業の発達，とりわけカツオ漁と加工品の鰹節は和食に欠かせない独特の出汁（だし）文化を醸成したことも忘れてはならない。

問1.　下線部(1)について，日本人の食生活の歴史について述べた文として正しいものを，次の①〜④のうちから一つ選べ。　| 1 |

① 平安時代には仏教の影響で殺生は禁止されていたが，調理に油を用いれば獣肉でも食べることができた。

② 室町時代には中国風な調理法も伝わり，連歌や茶の会席では精進料理が好まれた。

③ 安土桃山時代には砂糖なども用いられるようになり，一日3食の風が広まった。

④ 明治時代にはコロッケやトンカツのほかに，ライスカレー（カレーライス）などの洋食が普及した。

問2.　下線部(2)について述べた次の文**X・Y**について，その正誤の組合せとして正しいものを，下の①〜④のうちから一つ選べ。　| 2 |

X　日本では，1993年に法隆寺地域の仏教建造物や姫路城が最も早く世界自然遺産に登録された。

Y　日本では，歌舞伎や雅楽，結城紬の製造技術なども無形文化遺産の登録リストに記載されている。

① **X** 正　**Y** 正　　② **X** 正　**Y** 誤

③ **X** 誤　　**Y** 正　　　④ **X** 誤　　**Y** 誤

問3．下線部(2)について，日本には有形文化財・無形文化財などさまざまな文化財があり，とりわけ戦後になると文化遺産の保護・継承に対する意識の高まりを背景に，埋蔵文化財や遺跡などを保護すべく，市民運動の一環として文化財保存運動も推進されてきた。このような状況の中で，文化財に関する新たな法律が制定された。次の〔**史料**〕はその一節であるが，これについて述べた文**X**・**Y**について，その正誤の組合せとして正しいものを，下の①〜④のうちから一つ選べ。ただし〔**史料**〕は一部省略したり，書き改めたところもある。
　　　3

〔**史料**〕

第一条　この法律は，文化財を保存し，かつその活用を図り，もって国民の文化的向上を資するとともに，世界文化の進歩に貢献することを目的とする。

　　X　この法律は，1950年に制定された文化財保護法の一節である。

　　Y　この法律は，1950年に起こった金閣焼亡をきっかけに制定された。

　　① **X** 正　　**Y** 正　　　　② **X** 正　　**Y** 誤
　　③ **X** 誤　　**Y** 正　　　　④ **X** 誤　　**Y** 誤

問4．下線部(3)について，日常生活の中から具体的な事例を探してカードにまとめたら，一つだけ該当しないものがあると指摘された。**適当でない**カードを，下の①〜④のうちから一つ選べ。　　4

①
| 食材や料理，菓子の名前には春雨やあられ，しぐれ煮といった自然現象や自然の呼称からとったものが多いようだ。 |

②
| 正月に食べるおせち料理には，五穀豊穣や無病息災などを願う意味で，黒豆や田作りなどの料理も含まれている。 |

③

春の彼岸に食べるぼたもち，秋の彼岸に食べるおはぎの名称も，ぼたん（牡丹）・萩といった植物の名前からきている。

④

人々が厄除けのために節分には豆をまいて恵方巻を食べる習慣は奈良時代に中国から伝来し，今日まで続いている。

問5． 下線部(4)に関する次の**史料Ⅰ～Ⅲ**について，下の(1)・(2)に答えよ。ただし〔**史料**〕は一部省略したり，書き改めたところもある。

〔史料〕

Ⅰ 一，(注1)身上 能き百姓は田地を買取り，弥 宜く成り，(注2)身体成らざる者は田畠を(注3)沽却せしめ，猶々身上成るべからざるの間，(注4)向後は田畠売買 停止たるべき事。

Ⅱ 近時，経済の著しい発展に伴なって農業と他産業との間において，生産性及び従事者の生活水準の格差が拡大しつつある。他方，農産物の消費構造にも変化が生じ，また，他産業への労働力の移動の現象がみられる。……ここに農業に向うべき新たなみちを明らかにし，農業に関する政策の目標を示すため，この法律を制定する。

Ⅲ 惣じて農具をえらび，それぞれの土地に随って宜しきを用ゆべし。凡そ農器の刃，(注5)はやきとにぶきとにより，其功をなす所，遅速 甚だ違う事なれども，おろかなる農人は，大かた其考えなく，わずかの費をいといて能き農具を用ゆることなし。

(注1)身上：資産。　(注2)身体：身上と同じ。資産。　(注3)沽却：売却。
(注4)向後：今後。　(注5)はやきとにぶき：鋭いものと鋭くないもの。

(1) 〔**史料Ⅰ～Ⅲ**〕を古いものから時代順に並べ替えた場合，組合せとして正しいものを，下の①～⑥のうちから一つ選べ。　| 5 |

① Ⅰ ⟹ Ⅱ ⟹ Ⅲ　　② Ⅰ ⟹ Ⅲ ⟹ Ⅱ　　③ Ⅱ ⟹ Ⅰ ⟹ Ⅲ

④ Ⅱ ⟹ Ⅲ ⟹ Ⅰ　　⑤ Ⅲ ⟹ Ⅰ ⟹ Ⅱ　　⑥ Ⅲ ⟹ Ⅱ ⟹ Ⅰ

(2) 〔**史料Ⅰ～Ⅲ**〕について述べた文a～cの正誤の組合せとして正しいものを，あとの①～⑥のうちから一つ選べ。　| 6 |

a 〔**史料Ⅰ**〕は，自作農の創設と小作料の金納化を実現させるために制定された。

b 〔**史料Ⅱ**〕は，農業生産性の向上や農業所得の安定などを目標として制定された。

c 〔**史料Ⅲ**〕では，生産力を上げるためには高価な農具が必要であると説いている。

① a 正 b 正 c 正　　　② a 正 b 正 c 誤
③ a 正 b 誤 c 正　　　④ a 誤 b 正 c 誤
⑤ a 誤 b 正 c 正　　　⑥ a 誤 b 誤 c 誤

第2問
日本古代の政治制度や文化は，中国大陸や朝鮮半島から大きな影響を受ける中で発展した。古代の政治と文化を扱った授業では，生徒がさまざまな側面からその特徴を考察してグループごとに要点を発表した。これについて，あとの問い（**問1～4**）に答えよ。

問1. 古代の宮都の中には明らかに中国の影響を受けて造営されたものもある。これについて述べたA君・Bさん・C君・Dさんの見解として**誤っているもの**を，下の①～④のうちから一つ選べ。 7

① A君：近江国の大津宮に採用された都城制は，遣唐使によって伝えられた。
② Bさん：藤原京は，大和三山を含めたかなり規模の大きな都だったと考えられている。
③ C君：長岡京は造営長官殺害事件などもあって，わずか10年で造営が中止された。
④ Dさん：平城京と平安京は，ともに唐の長安にならって造営された。

問2. 仏教が伝来した後，寺院には仏像が祀られるようになったが，彫像技術や仏像の容姿には時代によって大きな特徴を認めることができる。その特徴をまとめたカードと代表的な仏像名を組み合わせ，それを古いものから時代順に並べ替えた場合，組合せとして正しいものを，下の①～⑥のうちから一つ選べ。 8

Ⅰ	Ⅱ	Ⅲ
密教の影響を受け，暗く神秘性を漂わせた仏像が多い。一木造・翻波式を特徴とする。	この時代には寄木造の技法が完成したため，仏像の大型化が進み，量産も可能となった。	木の芯に粘土を塗り固めた塑像や漆を塗り固めた後に原型を抜きとる乾漆像が発達した。

ア　元興寺薬師如来像
イ　唐招提寺鑑真和上像
ウ　平等院鳳凰堂阿弥陀如来像

① 〔Ⅰ―イ〕━━▶〔Ⅱ―ウ〕━━▶〔Ⅲ―ア〕

② 〔Ⅰ―ア〕━━▶〔Ⅱ―ウ〕━━▶〔Ⅲ―イ〕

③ 〔Ⅱ―イ〕━━▶〔Ⅲ―ア〕━━▶〔Ⅰ―ウ〕

④ 〔Ⅱ―ウ〕━━▶〔Ⅲ―ア〕━━▶〔Ⅰ―イ〕

⑤ 〔Ⅲ―ア〕━━▶〔Ⅰ―イ〕━━▶〔Ⅱ―ウ〕

⑥ 〔Ⅲ―イ〕━━▶〔Ⅰ―ア〕━━▶〔Ⅱ―ウ〕

問3. 社会・経済においても古代日本は中国の影響を受けた政策が認められる。次の〔**史料Ⅰ**〕と〔**史料Ⅱ**〕を読み，それについて述べた文 a ～ d について，正しいものの組合せを，下の①～④のうちから一つ選べ。ただし，〔**史料**〕は一部省略したり書き改めたところもある。　9

〔**史料Ⅰ**〕其の三にいわく，初めて戸籍，計帳，班田収授の法を造れ。
〔**史料Ⅱ**〕武蔵国秩父郡，和銅献ず。……始めて銀銭を行う。……始めて銅銭を行う。

a 〔**史料Ⅰ**〕には，唐の土地制度にならって班田制を築き，そのために毎年，戸籍と計帳をつくろうとしたことが記されている。

b 〔**史料Ⅰ**〕から，政府は班田収授法を実施して，直接民衆を掌握しようとしたことがわかる。

c 〔**史料Ⅱ**〕から，和同開珎が銀と銅で鋳造されたことがわかる。

d 〔**史料Ⅱ**〕には，秩父郡で産出した銅が，運脚によって地方の国衙に運ばれたことが記されている。

① a・c　　② a・d　　③ b・c　　④ b・d

問4. 大陸との交流を担った遣隋使はやがて遣唐使に受け継がれた。次の〔**地図**〕は遣唐使の航路を示したものであるが，〔**史料**〕に記された事件を機に，その中の一つの航路は用いられなくなった。用いられなくなった航路の記号とその事件が起こった世紀の組合せとして正しいものを，あとの①～④のうちから一つ選べ。ただし，〔**史料**〕は一部省略したり，書き改めたところもある。　10

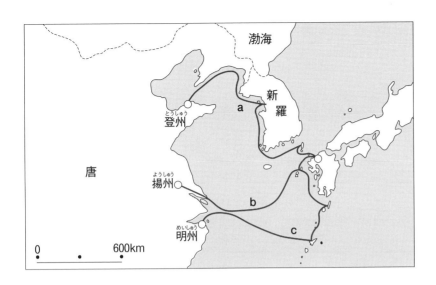

〔史料〕

　秋八月 戊 戌，大唐の軍将，戦 船一百七十艘を率いて白村江に陣烈れり。日本の船 師の(注)まず至る者と大唐の船 師 と合い戦う。日本不利て退く。大唐，陣を堅めて守る。……筑紫に大 堤 を築きて水を 貯 えしむ。名づけて水城という。

(注)まず至る者：先陣の軍船。

① 　a—7世紀　　② 　a—8世紀

③ 　b—7世紀　　④ 　b—8世紀

⑤ 　c—7世紀　　⑥ 　c—8世紀

第3問 次の表は，中世の武士を守護大名と戦国大名に分けて，それぞれの特徴を比較する形でまとめたものである。これについて，あとの問い(**問1～5**)に答えよ。

守護大名	戦国大名
a幕府権力に頼りながら，半済・守護請など，荘園公領制に依拠して成長した	将軍の権威を利用しながら，郷村制に依拠して成長した
b原則として将軍による任命で存立した	将軍からは独立し，実力で地位を築く
守護大名自身は京都に住み，領国には守護代を置く	家臣を城下に集住させるなど，cみずから領国を経営して独自の支配を進める
将軍権力と対立したり，国人一揆などの抵抗を受けることもあった	d分国法を制定し，喧嘩両成敗法などを規定して家臣団の分裂を防いだ
領国の国人層を守護大名に直属する下級武士(＝被官)として統制した	寄親・寄子制を利用して国人層を大名に仕える家来(＝家臣)に組織して統制した
山名氏・e大内氏・細川氏・斯波氏など	f朝倉氏・毛利氏・伊達氏・六角氏など

問1. 下線部 a について，鎌倉時代から室町時代にかけての守護の権限やあるべき姿について記した〔**史料**〕を時代順に並べ替えた場合，組合せとして正しいものを，下の①～⑥のうちから一つ選べ。ただし，〔**史料**〕は一部省略したり，書き改めたところもある。 ⬚11⬚

〔**史料**〕

Ⅰ 一，寺社本所領の事 ……次に近江・美濃・尾張三ヶ国の本所領半分の事，兵粮料所(ひょうろうりょうしょ)として，当年一作，軍勢に預け置くべきの由(よし)，守護人等に相触れ(あいふ)おわんぬ。

（『建武以来追加』）

Ⅱ 一，諸国の守護人，ことに政務の(注1)器用を択(え)ばるべき事。当時の如くば，軍忠に募(つの)りて，守護職に補せらるるか。恩賞を行わるべくば，庄園を充て(あ)給(たま)うべきか。守護職は(注2)上古(じょうこ)の吏務(りむ)なり。国中の治否(ちひ)，ただこの職に依(よ)る。もっとも器用を補せらるれば，撫民(ぶみん)の義に叶うべきか。 （『建武式目』）

Ⅲ 右，右大将家の御時定め置かるる所は大番催促・謀叛・殺害人付けたり夜討・強盗・山賊・海賊等の事なり。 （『御成敗式目』）

(注1)器用：熟練した者。　　(注2)上古の吏務：昔の国司。

① Ⅰ ⟹ Ⅱ ⟹ Ⅲ　　② Ⅰ ⟹ Ⅲ ⟹ Ⅱ　　③ Ⅱ ⟹ Ⅰ ⟹ Ⅲ

④ Ⅱ ⟹ Ⅲ ⟹ Ⅰ　　⑤ Ⅲ ⟹ Ⅰ ⟹ Ⅱ　　⑥ Ⅲ ⟹ Ⅱ ⟹ Ⅰ

問2. 下線部 b について，室町幕府は将軍権威の高揚と守護勢力の削減を図るために，しばしば武力で守護の勢力を抑えた。次の〔**史料**〕は，専制的な支配を強めた将軍があるできごと

に巻き込まれた時のようすを記した一節であるが，それに関する a ～ d の文のうち，この〔史料〕から**読み取れない内容**の組合せとして正しいものを，あとの①～④のうちから一つ選べ。ただし，〔史料〕は一部省略したり，書き改めたところもある。　　12

〔史料〕
　(注1)嘉吉元年六月……猿楽初めの時分，内方とどめく。何事ぞとお尋ね有り。雷鳴かなど(注2)三条申さるの処，御後ろの(注3)障子を引きあけて，武士数輩出て，則ち(注4)公方を討ち申す。……人々右往左往し逃散す。御前において腹切る人もなく，(注5)赤松の落ち行くを追いかけて討つ人も無し。……所詮，赤松を討たるべき御企て露顕するの間，遮りて討ち申す云々。自業自得無力の果てのことか。将軍此の如き犬死は，古来其の例を聞かざる事なり。
　　　　　　　　　　　　　　　　　　　　　　　　　　　　（『看聞日記』）

(注1)嘉吉元年：1441年。　　(注2)三条：公卿の正親町三条実雅で，妹は足利義教の側室となった。
(注3)障子：襖（ふすま）のこと。　　(注4)公方：6代将軍足利義教。　　(注5)赤松：播磨守護の赤松満祐。

a　この事件は，猿楽鑑賞の宴の席でおこった。

b　討たれた将軍の前で自刃する者が多かった。

c　将軍が赤松を討つという企てがばれたために，逆に返り討ちにあった。

d　将軍のこのような死に方に対し，世間の人々は強い悲しみを覚えた。

① a・c　　　② a・d　　　③ b・c　　　④ b・d

問3． 下線部 c について，戦国大名の領国経営に関して述べた文 **X・Y** について，その正誤の組合せとして最も適当なものを，下の①～④のうちから一つ選べ。　　13

X 戦国大名は，土地面積や家臣が所領から得ている収入を銭に換算した貫高で掌握し，家臣に対してはその貫高に見合った軍役を負担させた。

Y 戦国大名は，楽市令を出して座の特権を廃止したほか，関所を撤廃して物資の流通と商業取引の円滑化を進めて領国経済の繁栄を図った。

① **X** 正　　**Y** 正　　　② **X** 正　　**Y** 誤
③ **X** 誤　　**Y** 正　　　④ **X** 誤　　**Y** 誤

問4． 下線部 d の分国法について，次の〔史料Ⅰ〕と〔史料Ⅱ〕に関して述べた説明文の空欄　ア　と　イ　に入る語句・文章の組合せとして正しいものを，あとの①～④のうちから

一つ選べ。ただし，〔**史料**〕は一部省略したり，書き改めたところもある。 ☐14☐

〔**史料Ⅰ**〕駿遠両国の 輩（ともがら），或は 私（わたくし）として他国より嫁を取り，或は婿に取り，娘をつかはす
　　　事，自今以後，これを停止しおはんぬ。

〔**史料Ⅱ**〕喧嘩の事，是非に及ばず成敗を加ふべし。但し取り懸くるといえども，堪忍（かんにん）せしむ
　　　るの輩に於ては罪科に処すべからず。

〔**史料Ⅰ**〕は今川氏が制定した『今川仮名目録』の一節で，☐**ア**☐を規定したもので，武田氏
の『甲州法度之次第』に見る「内儀を得ずして他国へ音物書札を遣（つか）はす事，一向に停止せし
めおわんぬ」と同様，軍事機密の漏えいを防ぐために必ず領主の許可を必要としたものであ
る。

〔**史料Ⅱ**〕は『甲州法度之次第』に記された一節である。それによれば，喧嘩が起こった場合
はどのような理由があろうとも処罰するが，☐**イ**☐と規定された。

① **ア** 私信の禁止　　**イ** 喧嘩を仕掛けられても我慢した者は処罰しない
② **ア** 私信の禁止　　**イ** 仕掛けられた喧嘩に対して我慢した者でも処罰する
③ **ア** 私婚の禁止　　**イ** 喧嘩を仕掛けられても我慢した者は処罰しない
④ **ア** 私婚の禁止　　**イ** 仕掛けられた喧嘩に対して我慢した者でも処罰する

問5．下線部 e の大内氏と下線部 f の朝倉氏が経営した領国を下の**地図**から選び，その組合せ
　　として正しいものを，下の①〜④のうちから一つ選べ。 ☐15☐

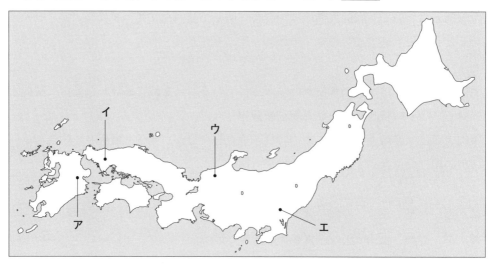

① e—**ア**　　f—**ウ**　　② e—**ア**　　f—**エ**
③ e—**イ**　　f—**ウ**　　④ e—**イ**　　f—**エ**

第4問　近世の社会・経済に関し，産業・交通・貨幣について要約した次の文を読み，あとの問い（**問1～4**）に答えよ。

　幕藩体制の安定と勧農政策の進展にともなってa農業生産力が著しく増大した。また，諸国を結ぶb交通・運輸・通信網が発達し，c商業の発達と全国市場の成立を背景にd貨幣・金融制度も整備された。

問1．下線部aについて，江戸時代には新田開発による耕地面積の拡大や農業知識の普及，商品作物の栽培のほかに新たな肥料や農具の改良・普及などによって農業生産力は著しく増大した。中世に中国から伝来して用いられたが，江戸時代中期に衰退した農具を，次の①～④のうちから一つ選べ。 16

① 唐箕

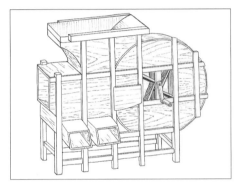

② 竜骨車

③ 千歯扱

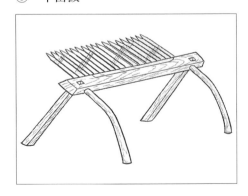

④ 千石簁

問2．下線部bについて，次の(1)・(2)に答えよ。

(1)　幕府は五街道や脇街道などの主要な道路をはじめ，東廻り海運・西廻り海運の航路を整備した。次の**地図**は主要街道と主な海路を示したものである。**X・Y**の街道・航路と最も関係の深い事項**ア～エ**の組合せとして正しいものを，あとの①～④のうちから一つ選べ。 17

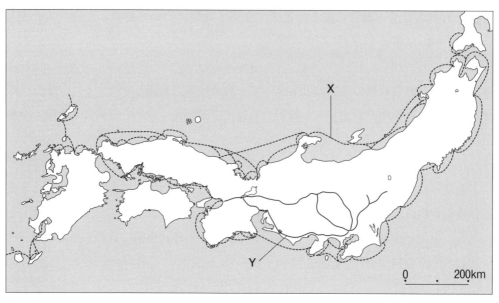

〔事項〕

ア 菱垣廻船　　**イ** 北前船　　**ウ** 木曽福島関　　**エ** 箱根関

① **X—ア** **Y—ウ**　　② **X—ア** **Y—エ**

③ **X—イ** **Y—ウ**　　④ **X—イ** **Y—エ**

(2) 次の〔**史料**〕は江戸時代の海運と流通に関して記したものである。この〔**史料**〕からは**読み取れない内容**を，下の①〜④のうちから一つ選べ。ただし，〔**史料**〕は一部省略したり，書き改めたところもある。　18

〔史料〕
　　御当地より御江戸表（おんえどおもて）へ菱垣廻船相下し（あいくだ）候（そうろう）最初の儀は，(注1)元和五年泉州堺の者，紀州富田浦より(注2)二百五十石積（づみほど）程の廻船借り受け，御当地より木綿・油・綿・酒・酢・醤油其の外……はじめて御江戸へ積廻（つみまわ）し，……然（しか）る処（ところ），其（そ）の頃まで江戸表には組と申すもの御座（ざ）なく，(注3)荷主一己立（いっこだて）に相成（あいな）り候間（そうろうあいだ），平常は勿論（もちろん），難破船の節争論（せつそうろん）絶えず，混雑仕（つかまつ）り，いわれなき失墜（しっつい）多く，荷主・船頭・水主共まで迷惑仕り候（そうろう）儀（ぎ）を，江戸表荷主の内，大坂屋伊兵衛と申す者，工夫を以（もっ）て，(注4)元禄七年江戸荷主を十組に組み分け仕り，本組の内，(注5)大行事相建（あいた）て，組々順番に相勤（あいつと）め，万事其の行事にて引請仕（ひきうけつかまつ）り，……銘々所持（めいめい）の届け仕（つかまつ）り候後（そうろうのち），(注6)廻船会所諸入用相勤（しょにゅうようあいつと）め申候（もうしそうろう）。　　（『菱垣廻船問屋記録』）

(注1)元和五年：1619年。　　　(注2)二百五十石積：250石程の米を積むことができる。
(注3)荷主一己立：荷主だけで仕立てること。　　　(注4)元禄七年：1694年。
(注5)大行事相建て：さまざまな世話をする係を決めて。　　　(注6)廻船会所：菱垣廻船仲間の事務所。

① 菱垣廻船は，17世紀の初めに堺の商人が物資を江戸まで運んだのを最初とする。

② 17世紀前半頃までの江戸には，商品別に組織された問屋群はなかった。

③ 酒・酢・油・醤油などの液体を専門に運ぶ船として樽廻船が就航した。

④ 17世紀末期に，江戸に十組問屋が結成され，世話係も整えられた。

問3．下線部 c について，全国市場の確立にともない，物資の生産工程にも大きな変化が生じ
るようになった。次の表は，生産過程の特徴をまとめたものであるが，これを時代順に並
べ替えた場合，正しいものを，下の①〜⑥のうちから一つ選べ。 [19]

Ⅰ	都市部の問屋が農村などの百姓に対して賃金や原料を前貸しして生産させた。
Ⅱ	都市部の問屋などが工場を設け，農村から流入した人々を賃金労働者として雇い，分業と協業によって手工業生産をさせた
Ⅲ	農村などの百姓が生活に必要な物資を副業的に自給自足で生産し，使用した。

① Ⅰ ⟹ Ⅱ ⟹ Ⅲ   ② Ⅰ ⟹ Ⅲ ⟹ Ⅱ   ③ Ⅱ ⟹ Ⅰ ⟹ Ⅲ

④ Ⅱ ⟹ Ⅲ ⟹ Ⅰ   ⑤ Ⅲ ⟹ Ⅰ ⟹ Ⅱ   ⑥ Ⅲ ⟹ Ⅱ ⟹ Ⅰ

問4．下線部 d について，江戸時代にはたびたび貨幣改鋳が行われ，全体の重量に対する金の
含有量もそのつど変化した。次のグラフはそれを表したものである。あとの〔史料〕は貨幣
改鋳に関して記されたものであるが，その内容を考え，最も関係の深い貨幣をグラフの①
〜④のうちから一つ選べ。ただし，〔史料〕は一部省略したり，書き改めたところもある。

[20]

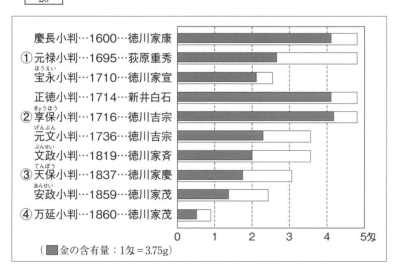

13

〔史料〕

　十一日，金改鋳の事仰出され，（注1）阿部豊後守正武・（注2）少老加藤佐渡守明英その事
を総督し，勘定吟味荻原彦次郎重秀これをつかさどり，所属もこれにあづかるものあまた
仰付らる。十九日令せられしは，金銀極印ふるくなりしかば，改鋳すべきむね仰出さる。
近年山より出る金銀も多からねば，通行の金銀もやうやくに減ずべし。よて宝貨の品格をあ
らため，世に多からしめんがため，このたび仰出さるゝ所なり。　　　　　　　（『徳川実紀』）

（注1）阿部豊後守正武：当時老中の地位にあった。
（注2）少老加藤佐渡守明英：当時若年寄の地位にあり，まもなく下野壬生に移封された。

第5問
諸外国との関係や外交政策などの観点から近代の外交事情について，生徒たちは下の〔年表〕をもとにさまざまな考察を試みた。これに関連する下の問い（問1～7）に答えよ。

〔年表〕

イ	1854年	a 日米和親条約を結ぶ
ロ	1858年	b 日米修好通商条約を結ぶ
ハ	1871年	日清修好条規を結ぶ
ニ	1875年	樺太・千島交換条約を結ぶ
ホ	1876年	c 日朝修好条規を結ぶ
ヘ	1894年	日清戦争起こる➡翌年 d 下関条約を結ぶ
ト	1904年	日露戦争起こる➡翌年 e ポーツマス条約を結ぶ
チ	1914年	f 第一次世界大戦始まる➡5年後に講和条約を結ぶ

問1．下線部aについて，日米和親条約を調印したペリーが来航するまでに，外交的にどのような動きがあったのかをまとめた次の文Ⅰ～Ⅲを年代順に正しく配列したものを，下の①～⑥のうちから一つ選べ。□21□

Ⅰ　ロシア使節プチャーチンが長崎に来航して通商を要求した。

Ⅱ　アメリカの東インド艦隊司令長官ビッドルが浦賀に来航して通商を要求した。

Ⅲ　オランダ軍艦が長崎に来航し，オランダ国王の開国勧告要求を呈した。

① Ⅰ⇒Ⅱ⇒Ⅲ　　② Ⅰ⇒Ⅲ⇒Ⅱ　　③ Ⅱ⇒Ⅰ⇒Ⅲ

④ Ⅱ⇒Ⅲ⇒Ⅰ　　⑤ Ⅲ⇒Ⅰ⇒Ⅱ　　⑥ Ⅲ⇒Ⅱ⇒Ⅰ

問2．下線部bについて，日米修好通商条約の内容を箇条書きにした文として正しいものを，

次の①～④のうちから一つ選べ。 [22]

① 下田・箱館を開港し，江戸と大坂を開市する。

② 開港地に居留地を設け，外国人に対しては国内旅行を禁止する。

③ アメリカ船が必要とする食糧・燃料を供給する。

④ 難破船や乗組員を救助し，アメリカに引き渡す。

問3．下線部 c の条約調印後に起こったできごとについて述べた次の〔**文章**〕は，〔**年表**〕中のどの時期のことか，あてはまる時期を下の①～④から一つ選べ。 [23]

〔**文章**〕

日本は第2次日韓協約を結んで韓国の外交権を掌握して保護国とし，漢城に統監府を設置した。韓国はオランダのハーグで開かれた第2回万国平和会議に密使を送ったが，これを機に韓国皇帝高宗を退位させ，第3次日韓協約を結んで韓国の内政権を掌握し，韓国軍隊も解散させた。やがて統監の伊藤博文が暗殺された事件の翌年，日本は韓国を植民地化し，従来の統監に代えて京城に朝鮮総督府を設置した。

① **ホ**と**ヘ**の間 　　② **ヘ**と**ト**の間 　　③ **ト**と**チ**の間 　　④ **チ**の後

問4．**ハ**～**チ**の期間は，幕末に結んだ不平等条約の改正交渉が進められた時期である。条約改正交渉の具体的な内容や経緯・結果をカードにまとめて時代順に並べ替えた場合，無記入のカード**甲**・**乙**にあてはまる内容**ア**～**エ**の組合せとして正しいものを，あとの①～④から一つ選べ。 [24]

税権回復を主眼に交渉したが，アメリカの賛成を得たもののイギリス・ドイツが反対した。	➡	甲	➡	乙	➡

法権回復と税権回復を主眼に交渉したが，大津事件によって交渉は挫折した。	➡	日英通商航海条約に調印した結果，領事裁判権の廃止や内地雑居などを実現した。	➡	1889年に発効した改正条約が満期を迎えたため新条約を締結して関税自主権を回復した。

ア 外国人を大審院判事として採用するなどの内容で交渉を進めたが，改正案がイギリスの新聞にスクープされたために反対運動が起こり，改正交渉は挫折した。

イ 外国人判事の任用や内地雑居問題を中心に交渉は進められたが，欧化主義への反感や三大事件建白運動などによって改正交渉は挫折した。

ウ 甲案を継承して国別に交渉を進めたが，外国人判事の大審院任用問題で挫折した。

エ 甲案を継承して改正予備会議を開いたが，対外硬派団体のテロにあって失脚した。

① 甲―ア 乙―ウ ② 甲―ア 乙―エ

③ 甲―イ 乙―ウ ④ 甲―イ 乙―エ

問5. 下線部 d と下線部 e の条約について述べた文として**誤っているもの**を，次の①～④のうちから一つ選べ。 [25]

① d によって，清は沙市・重慶・蘇州・杭州を開港・開市することとなった。

② d によって，清は遼東半島・台湾・澎湖諸島を日本に割譲することとなった。

③ e によって，ロシアは北緯50度以南のサハリンを日本に割譲することとなった。

④ e によって，ロシアは賠償金として 2 億 両^{テール}を日本に支払うこととなった。

問6. 下線部 f の第一次世界大戦が終結したのち，世界には新しい国際秩序が生まれた。これについてまとめた次の〔文章〕の空欄 ア ・ イ にあてはまる語句の組合せとして正し

〔文章〕

　1919年，第一次世界大戦終結に向けての講和会議がパリで開かれ，調印されたヴェルサイユ条約に基づいてドイツには巨額の賠償金が科せられた。そして，アメリカ大統領ウィルソンの提唱によって，国際紛争を平和的に解決するための協力機関として1920年に ア が設立され，ヴェルサイユ体制が確立された。さらに，アジア・太平洋地域に新しい国際秩序を確立するために，アメリカ大統領ハーディングの提唱によって1921年にワシントン会議が開かれ，太平洋の平和に関して四カ国条約が，翌年には中国問題に関する九カ国条約と イ の保有量に関する海軍軍縮条約が結ばれ，列国間の協調と軍縮を柱とする新たな秩序としてワシントン体制が確立した。

① **ア** 国際連盟　**イ** 主力艦　　② **ア** 国際連盟　**イ** 補助艦

③ **ア** 国際連合　**イ** 主力艦　　④ **ア** 国際連合　**イ** 補助艦

問 7. 明治時代後期には小学校への就学率が97％を超え，大正時代中期には大学令や高等学校令の発布を背景に高等教育機関が拡充した。それにともなって国民の識字率も著しく伸長し，刊行された多くの新聞・雑誌，文芸作品が人々の知的関心にこたえるようになった。**チ**以降の時期に刊行された文芸作品や雑誌**ではないもの**を，次の①～④のうちから一つ選べ。 27

①

②

③

④

第6問

国土の面積は海岸線の浸食や沿岸部の埋め立てなど，自然の力や行政の結果が引きおこす海岸線の変化によっても増減するが，戦争や条約の内容など歴史的要因によっても大きく変化する。国土には領有権をもつ領土のほかに，租借地や委任統治を認められた地域も含まれる。下の**グラフ**は明治〜昭和期にかけての日本国土面積の増減の推移を概数で模式的に表したものである。これを参考に，近現代の政治・経済・外交・文化について下の問い（**問1〜8**）に答えよ。

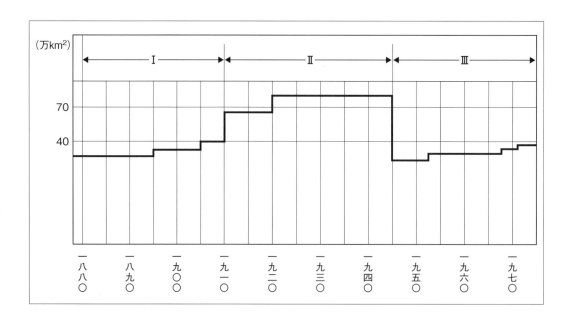

問1．明治政府は1875年に樺太・千島交換条約を調印し，日露間の国境を改めた。樺太・千島交換条約を調印する以前の日露間の国境はどのように定められていたか，地図中にある国境線**Ⅰ**〜**Ⅲ**と〔**島名**〕**ア**〜**ウ**の組合せとして正しいものを，あとの①〜④のうちから一つ選べ。 28

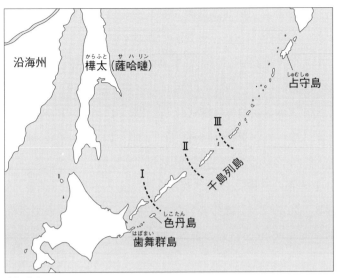

〔**島名**〕

ア　得撫（ウルップ）島と新知（シンシル）島の間

イ　得撫（ウルップ）島と択捉（エトロフ）島の間

ウ　国後（クナシリ）島と択捉（エトロフ）島の間

① Ⅰ─ア　　② Ⅰ─イ　　③ Ⅰ─ウ

④ Ⅱ─ア　　⑤ Ⅱ─イ　　⑥ Ⅱ─ウ

⑦ Ⅲ─ア　　⑧ Ⅲ─イ　　⑨ Ⅲ─ウ

問2．グラフの**Ⅰ**の時期の政治について述べた文として正しいものを，次の①〜④のうちから一つ選べ。　29

① 1885年に太政官制にかわって内閣制度が発足し，初代の内閣総理大臣伊藤博文は宮内大臣を兼務したが，制度的には宮中と府中の別が明確化された。

② フランスの制度にならって，君主制の立憲国家体制の確立が進められ，1889年に大日本帝国憲法が制定された。

③ 山県有朋内閣は1900年に治安維持法を制定し，労働運動や農民運動にかかわった人々を皇居外3里の地に追放した。

④ 最初の政党内閣として1898年，松方正義を首相，大隈重信を外相にすえた松隈内閣が成立した。

問3．グラフの**Ⅰ**の時期に見られた鉄道の発達について述べた次の文**ア**〜**ウ**を年代順に正しく配列したものを，あとの①〜⑥のうちから一つ選べ。　30

ア 鉄道国有法を制定した結果，官営鉄道と民営鉄道の営業距離数が逆転した。

イ 最初の私鉄会社である日本鉄道会社が，上野〜青森間に鉄道を敷設した。

ウ 最初の官営鉄道開業から17年後に，東京〜神戸間で東海道線が全線開通した。

① **ア**━━▶**イ**━━▶**ウ**　　② **ア**━━▶**ウ**━━▶**イ**　　③ **イ**━━▶**ア**━━▶**ウ**

④ **イ**━━▶**ウ**━━▶**ア**　　⑤ **ウ**━━▶**ア**━━▶**イ**　　⑥ **ウ**━━▶**イ**━━▶**ア**

問4．次の作品**X・Y**は**グラフ**の**I〜II**の時期に発表されたものである。**X**は「読書」，**Y**は横山大観の代表作の一つである。**X**については作者名を a・b から，**Y**については作品名を c・d から選び，その組合せとして正しいものを，下の①〜④のうちから一つ選べ。 31

X  　　**Y**

a　橋本雅邦　　　　b　黒田清輝　　　　c　某婦人の肖像　　　d　無　我

① **X**─a　　**Y**─c　　② **X**─a　　**Y**─d

③ **X**─b　　**Y**─c　　④ **X**─b　　**Y**─d

問5．**グラフ**の**II**の時期の世界情勢や国内の動向について述べた文として**誤っているもの**を，次の①〜④のうちから一つ選べ。 32

① 1910年に国土面積が増大しているのは，韓国併合によるものである。

② 鈴木文治は1912年，労働団体として友愛会を組織して労働者の地位向上を図り，各地の

労働争議を指導した。

③　民族自決主義が世界的に広まる中で，朝鮮半島では1919年に日本からの独立を求める
五・四運動が展開された。

④　1920年代に国土面積が増大したのは，赤道以北に委任統治領が存在したからである。

問6. **グラフ**の**Ⅲ**の時期には，経済の高度成長が著しく進展した。それについて，次の(1)・(2)
に答えよ。

(1)　高度経済成長時代について述べた次の〔**文章**〕の空欄　**ア**　・　**イ**　にあてはまる語句の組
合せとして正しいものを，下の①〜④のうちから一つ選べ。　33

〔**文章**〕
　1950年代半ばごろから日本では技術革新と　**ア**　を背景に経済の高度成長が進み，1960年
代に入ると池田勇人内閣は国民所得倍増計画を閣議決定した。高度経済成長政策が進む中で
1964年に日本はIMF 8条国に移行して貿易の自由化を進め，OECDに加盟することによっ
て　**イ**　の自由化が義務づけられるなど，開放経済体制に移行した。そして同年の東海道新
幹線開通と第18回オリンピック東京大会の開催は，日本が先進国の仲間入りを果たしたこと
を象徴するできごととなった。

①　**ア**　終身雇用　　**イ**　為替　　　②　**ア**　終身雇用　　**イ**　資本
③　**ア**　設備投資　　**イ**　為替　　　④　**ア**　設備投資　　**イ**　資本

(2)　高度経済成長時代の農村について述べた文**X**・**Y**について，その正誤の組合せとして最も
適当なものを，下の①〜④のうちから一つ選べ。　34

X　農村から都市部に労働力が流出したため農業人口が減少し，専業農家が減少して兼業農
家が増大した。

Y　米の供給過剰と食糧管理特別会計の赤字対策として，1970年から政府は減反政策をすす
めて米の生産調整を行った。

①　**X**　正　　**Y**　正　　　②　**X**　正　　**Y**　誤
③　**X**　誤　　**Y**　正　　　④　**X**　誤　　**Y**　誤

問7. **グラフ**の**Ⅲ**の時期には，アメリカから施政権が返還されたために，日本の国土面積は漸

増した。返還された〔**地域**〕に関する説明文a〜cと返還に関する〔**史料ア〜ウ**〕を組み合わせて時代順に並べ替えた場合，正しく配列したものを，下の①〜⑥のうちから一つ選べ。ただし，〔**史料**〕は一部省略したり，書き改めたところもある。　35

〔**地域**〕

a　この地域は中世には尚巴志によって統一王朝が形成されたが，17世紀初期には島津氏による武力征討を受けた。ベトナム戦争では米軍の前線基地となった。

b　この地域は帰属についてアメリカやイギリスとの争いが続いたが，19世紀後半に日本が領有を宣言し，はじめ内務省，のち東京府の管轄下に置かれた。

c　与論島以北が薩摩藩領となった時代，島津氏はこの地域で生産される黒砂糖を専売として藩財政を強化した。戦後の島民による復帰運動が返還に拍車をかけた。

〔**史料**〕

ア　第一条　1　アメリカ合衆国は2に定義する琉球諸島及び大東諸島に関し，1951年9月8日にサン・フランシスコ市で署名された日本国との平和条約第3条の規定に基づくすべての権利及び利益を，この協定の効力発生の日から日本国のために放棄する。

イ　第一条　1　アメリカ合衆国は2に定義する南方諸島及びその他の諸島に関し，1951年9月8日にサン・フランシスコ市で署名された日本国との平和条約第3条の規定に基づくすべての権利及び利益を，この協定の効力発生の日から日本国のために放棄する。

　　2　この協定の適用上，「南方諸島及びその他の諸島」とは，婿婦岩の南の南方諸島（小笠原諸島，西之島及び火山列島を含む）並びに沖ノ鳥島及び南鳥島をいい，これらの諸島の領水を含む。

ウ　第一条　1　アメリカ合衆国は，奄美群島に関し，1951年9月8日にサン・フランシスコ市で署名された日本国との平和条約第3条の規定に基づくすべての権利及び利益を，……日本国のために放棄する。

①　〔**ア**—a〕➡〔**イ**—c〕➡〔**ウ**—b〕

②　〔**ア**—a〕➡〔**ウ**—c〕➡〔**イ**—b〕

③　〔**イ**—b〕➡〔**ア**—c〕➡〔**ウ**—a〕

④　〔**イ**—c〕➡〔**ウ**—b〕➡〔**ア**—a〕

⑤　〔**ウ**—b〕➡〔**ア**—a〕➡〔**イ**—c〕

⑥　〔**ウ**—c〕➡〔**イ**—b〕➡〔**ア**—a〕

問8. グラフのⅠ〜Ⅲの時期に起こった民衆運動について述べた文a〜dについて，正しいも

のの組合せを，下の①～④のうちから一つ選べ。 36

a　Ⅰの時期に起こった自由民権運動には，女性の参加は認められなかった。

b　Ⅱの時期の農村では，小作料の引下げを求める小作争議の発生件数が増大した。

c　Ⅱの時期には憲政擁護運動が起こり，民衆の力が内閣を総辞職に追い込んだ。

d　Ⅲの時期には安保闘争が起こったため，日米新安全保障条約は成立しなかった。

①　a・c　　　②　a・d　　　③　b・c　　　④　b・d

第2部　図版・史料問題

第1章　原始・古代

1　旧石器時代の石器と遺跡

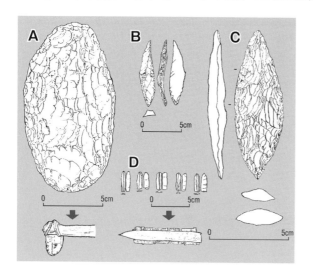

問1．上の図版A～Dに関する次の文章を読み，｛a・b｝のうち正しいほうを選べ。

　今からおよそ1万年以前の⑴｛a．更新世　b．完新世｝の時代を考古学の時代区分では旧石器時代と呼んでいる。旧石器時代に生きた人々は，⑵｛a．磨製石器　b．打製石器｝などを用いて狩猟・漁労の採集経済生活を営んでいた。

　打製石器のうち，**A**は河原石などを打ち欠いた⑶｛a．握槌　b．石棒｝と呼ばれる楕円形石器，**B**は切ったり削ったりする時に用いた⑷｛a．石錐　b．石刃｝，**C**は手槍や投槍の先端に装着した⑸｛a．尖頭器　b．石鏃｝，**D**は木や骨の柄にはめ込んで使用した⑹｛a．細石器　b．ナイフ形石器｝である。

問2．次の資料は相沢忠洋の著書の中の一節である。これに最も関係の深い遺跡の位置を次の地図の中から選べ。

＜資料＞
　　山寺山にのぼる細い道の近くまできて，赤土の断面に目を向けたとき，私はそこに見なれないものが，なかば突きささるような状態で見えているのに気がついた。（中略）それを目の前で見たとき，私は危うく声を出すところだった。じつにみごとというほかない，黒曜石の槍先形をした石器ではないか。（中略）もう間違いない。赤城山麓の赤土の中に，土器をいま

だ知らず，石器だけを使って生活した祖先の生きた跡があったのだ。

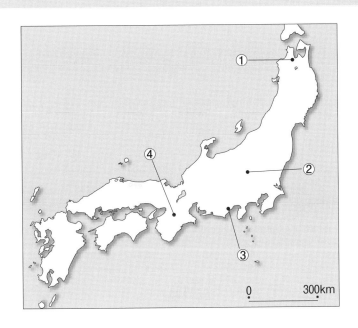

2 　縄文時代の道具と人々の生活

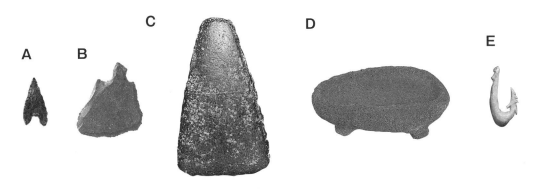

問1．上の図版A～Eに関する次の文章を読み，｛a・b｝のうち正しいほうを選べ。

　縄文時代には従来の打製石器と磨製石器が併用された。**A**は狩猟のために矢の先端につけた(1)｛a.石鏃　b.石錘｝，**B**は動物の皮などを剝ぐ時に用いたと考えられる(2)｛a.ナイフ形石器 b.石匙｝，**C**は木の伐採や農耕に用いられたと考えられる(3)｛a.握槌　b.石斧｝，**D**は植物の実などをすりつぶす時に用いられた(4)｛a.石皿　b.すり石｝，**E**は動物の骨でつくった(5)｛a.銛 b.釣針｝である。

問2．次の文章の空欄▭に入れるのに適切な短文を，下の短文群から一つ選べ。

縄文時代の人々は一般に，近くに泉や小川のある台地などに集落を営んで生活していた。その集落の跡は□□□□□□□□を示している。

短文群

①　竪穴住居群で構成されるが，個々の竪穴は規模や構造上の差が少なく，当時の社会に貧富の差がほとんどなかったこと

②　高床式の倉庫と，これを取りまく竪穴住居群で構成されているのが普通で，長期の定住生活が行われていたこと

③　竪穴住居群で構成されるが，個々の竪穴には規模や構造上の差が見られ，当時の社会にすでに貧富の差が存在したこと

④　近くに支石墓や甕棺を埋めた共同墓地があるのが普通で，葬法や副葬品にほとんど差がないことから，当時の社会に身分や階級の差がなかったこと

3　縄文時代の遺物と社会の特徴

問1．上の図版に関する次の文章を読み，{a・b}のうち正しいほうを選べ。

　これは(1){a．縄文時代　b．弥生時代}に制作された(2){a．埴輪　b．土偶}で，その時代の(3){a．前期　b．晩期}を代表する青森県(4){a．亀ヶ岡　b．菜畑}遺跡から出土したものである。この遺物の多くが(5){a．男性　b．女性}をかたどっていることから，生活における豊猟や安産などを祈るために用いられたものであると考えられ，抜歯や研歯などとともに(6){a．アニミズム　b．シャーマニズム}が盛んだったことがうかがえる。

問2．縄文時代の社会および文化の特色を述べた文として誤っているものを，次の①〜④のうちから一つ選べ。

① 手足を折り曲げて埋葬する屈葬が広く行われた。

② 抜歯の風習が広く存在した。

③ 海岸近くの集落では，貝塚が形成された。

④ 近畿地方では支石墓が盛んにつくられた。

4　縄文〜弥生時代の土器と遺跡

A　　　　　　　　　　B

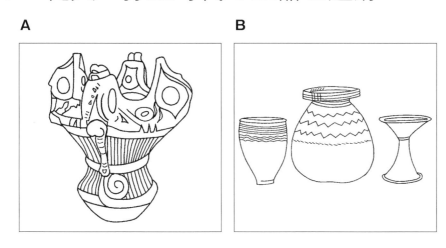

問1．上の図版A・Bに関する次の文章を読み，{a・b}のうち正しいほうを選べ。

　今から約1万年前の(1){a.更新世　b.完新世}に入ると，人々はものの化学変化に気づき，日本でも土器の製作が始まった。**A**は縄文土器と呼ばれ，(2){a.低温　b.高温}で焼かれた(3){a.薄手　b.厚手}で(4){a.黒褐色　b.赤褐色}のものが多いのが特徴で，(5){a.動物性　b.植物性}食物の煮沸（しゃふつ）などに用いられた。縄目文様を特徴とすることから縄文土器と呼ばれるものの，草創期の土器には縄目文様はなく，隆起線文（りゅうきせん）・爪形文（つめがた）などが施された土器のほかに，無文土器もあった。その土器の形状の変化から，縄文時代は一般に草創期から晩期まで(6){a.5期　b.6期}に区分される。

　それに対して，**B**の弥生土器は(7){a.低温　b.高温}で焼かれた(8){a.薄手　b.厚手}で(9){a.黒褐色　b.赤褐色}をしたものが多いのが特徴で，貯蔵用の(10){a.壺　b.甕}，煮沸用の(11){a.壺　b.甕}，食べ物を盛り付ける時に使用した(12){a.甑　b.高杯}や(13){a.鉢　b.壺}などが製作された。

　弥生土器の名称は，1884年にこの様式の土器が東京の(14){a.向ヶ岡貝塚　b.大森貝塚}で発見されたことにちなむもので，土器の形状の違いによって，弥生時代は一般に(15){a.3期　b.5期}に区分される。

問2．縄文時代と弥生時代の遺跡に関して述べた次の文X・Yと，下の地図上に示した場所a～dの組合せとして正しいものを，下の①～④のうちから一つ選べ。

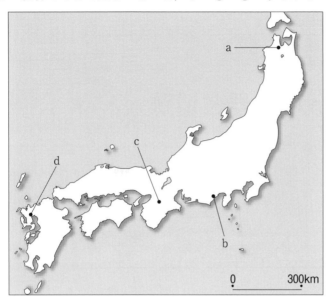

X　巨大な集落跡が発見された三内丸山遺跡では，ヒスイなど他地域から運び込まれた物も出土した。

Y　吉野ヶ里遺跡は巨大な環濠集落で，戦闘の犠牲者と見られる矢を受けた人骨が出土している。

①　**X**―a　　**Y**―c　　②　**X**―a　　**Y**―d

③　**X**―b　　**Y**―c　　④　**X**―b　　**Y**―d

5　弥生時代の農具と遺跡の特徴

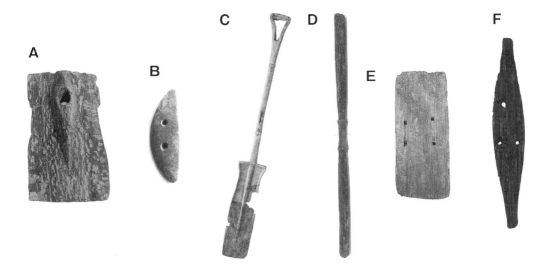

問1. 上の図版**A〜F**に関する次の文章を読み，{a・b}のうち正しいほうを選べ。

　紀元前4世紀ごろ，西日本を中心に水稲耕作を基礎とする弥生文化が成立した。縄文時代にも農耕が行われていたが，水稲耕作が本格化した弥生時代には，石器や(1){a.鉄器　b.青銅器}で加工された木製農具が用いられた。**A**は耕作具である(2){a.木鋤　b.木鍬}，**B**は稲の穂首刈に用いた(3){a.石包丁　b.鉄鎌}，**C**は耕作具である(4){a.木鋤　b.木鍬}，**D**は精穀に用いられた(5){a.木臼　b.竪杵}，**E**は湿田に足がめり込まないように履いた(6){a.大足　b.田下駄}，**F**は堆肥や青草などの肥料を踏み込むために履いた(7){a.大足　b.田下駄}である。

問2. 弥生時代の遺跡について述べた文として正しいものを，次の①〜④のうちから一つ選べ。

① 温暖化によって海面が上昇していたので，現在では海岸から離れた地に貝塚が発見されている。

② 半地下式の窯をつくり，硬質で灰色の土器を焼成していた跡が見つかっている。

③ ナウマンゾウやオオツノジカの化石とともに，狩猟や解体に用いられたと考えられる石器が出土している。

④ 集落には，防衛的機能を備えていたと考えられる何重もの環濠や，見張り用の建物の跡が見つかっている。

6 　青銅器の用途と分布

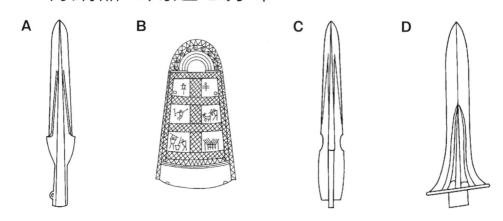

A　　　　　　B　　　　　　　C　　　　　　　D

問1. 上の図版A～Dに関する次の文章を読み，{a・b}のうち正しいほうを選べ。

　弥生時代には水稲耕作が進展し，生産力が向上すると余剰収穫物も生まれ，貧富の差も生じ始めた。それにともない，豊かな収穫を祈願する祭りや信仰が生まれ，青銅器が祭祀や権威の象徴として用いられるようになった。青銅は銅と(1){a.錫　b.亜鉛}の合金で，弥生中期以降になると，近畿地方以西の地域を中心に，銅剣・銅矛・銅鐸・銅戈など，さまざまな形状の青銅器の生産が行われるようになった。このうちBの銅鐸は，朝鮮半島の(2){a.鈴　b.鼓}が起源と考えられ，中には臼と杵を用いて脱穀している姿が刻まれたものもある。上の図版ではAは(3){a.銅矛　b.銅戈}，Cは(4){a.銅剣　b.銅矛}，Dは(5){a.銅剣　b.銅戈}である。

　日本各地で発掘調査が進むにつれ，銅矛・銅戈は(6){a.九州南部　b.九州北部}，銅鐸は(7){a.近畿地方　b.瀬戸内中部沿岸}，平形銅剣は(8){a.近畿地方　b.瀬戸内中部沿岸}を中心にそれぞれ分布するなど，出土地域に大きな偏りが生じているのが特徴である。祭祀などに用いられた青銅器は，個人の墓に副葬されることはほとんどなく，次に使用するまで土の中に埋納されることもあったと考えられている。

　近年，(9){a.鳥取県　b.島根県}の荒神谷遺跡からは銅鐸6個，358本の銅剣などが出土し，同じ県の(10){a.纒向遺跡　b.加茂岩倉遺跡}では39個の銅鐸が発見されたことも記憶に新しい。

問2. 弥生時代について述べた文として誤っているものを，次の①～④のうちから一つ選べ。

①　北九州に大陸から水稲耕作と金属器が伝えられ，紀元前4世紀ごろ，弥生文化と呼ばれる新しい文化が形成された。この時期以降，日本列島の社会は，採集経済の段階から農耕を中心とした生産経済の段階へと急速に転換していく。

②　弥生時代の初期の農業は，木製農具を用いて湿地を耕作する湿田農業であった。この時期

には，金属器と石器とが併用されたが，木製農具の製作にはもっぱら青銅の利器が用いられ，稲の収穫には石包丁と呼ばれる磨製石器が用いられた。

③　弥生時代の青銅器としては，はじめ大陸製の銅剣・銅矛などの武器が九州北部に輸入されていた。やがて，九州北部で銅矛が，近畿地方では銅鐸が作られるなど，国内生産が開始された。これらの国産青銅器は，主として祭器として用いられたと考えられている。

④　弥生時代後期になると，石器が減少し，やがて消滅する。これは鉄器が普及し，石器にとってかわったことの結果である。収穫具も石包丁から鉄鎌にかわり，木製農具にも鉄の刃先をつけたものが現れる。

7　「漢委奴国王」の金印

問1．上の図版に関する次の文章を読み，{a・b}のうち正しいほうを選べ。

　これは，(1){a.漢書地理志　b.後漢書東夷伝}の一節にある「印綬を以てす」の金印と考えられている。今の博多付近にあった小国である奴国の王が(2){a.57年　b.107年}に朝貢した際に，中国の皇帝(3){a.武帝　b.光武帝}から受領したといわれるもので，江戸時代の(4){a.前期　b.後期}に，現在の福岡県にあたる(5){a.筑前国　b.筑後国}の(6){a.志賀島　b.鷹島}で一農夫によって発見されたとされ，現在では福岡市博物館に所蔵されている。

　印の一辺は(7){a.1.3cm　b.2.3cm}で，つまみ部分には(8){a.蛇　b.亀}がかたどられている。印面には「漢委奴国王」の5文字が(9){a.陽刻　b.陰刻}されているが，そのように文字の部分をくぼむように彫ったのは，⑽{a.巻物などの結び目を封じた粘土に押した時に文字が浮き出るようにしたため　b.朱肉をつけて紙に押した場合に文字が白く浮き出るようにしたため}である。

問2．この金印と最も関係の深いできごとを述べた文として正しいものを，次の①～④のうちから一つ選べ。

① 倭人社会は百余国に分かれ，前漢の楽浪郡に定期的に使者を送った。

② 倭の奴国の王が，後漢の皇帝に使者を送った。

③ 卑弥呼が魏の皇帝に使者を送った。

④ 壱与が晋の皇帝に使者を送った。

8　律令制度—中央官制と戸籍

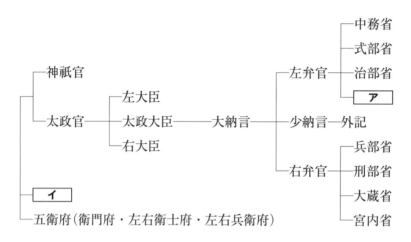

問1. 上の職制図に関する次の文章を読み，{a・b}のうち正しいほうを選べ。

　文武天皇の701年に(1){a.舎人親王　b.刑部親王}や藤原不比等らによって(2){a.養老律令　b.大宝律令}が完成し，律令制度の仕組みが整った。

　律令制下の中央官制は「二官八省一台五衛府」と総称される。二官とは神祇官と太政官で，太政官の長官である太政大臣は(3){a.常に正一位か従一位の貴族一人が就任していた　b.適任者がいなければ置く必要はなかった}。

　八省のうち，詔書の作成にあたったのは(4){a.宮内省　b.中務省}で，刑罰や裁判を司ったのは(5){a.治部省　b.刑部省}，文官の人事を担当したのは(6){a.式部省　b.兵部省}であった。また　ア　は民衆と最も近い関係にあった(7){a.民部省　b.文部省}で，(8){a.教育行政　b.民政一般}を司った。

　　イ　の(9){a.弾正台　b.京職}は官吏の監察を行ったが，嵯峨天皇の時に(10){a.勘解由使　b.検非違使}が新設されたことによって実質的な機能を失った。

　こうした官制のもとで，律令制下の行政は，太政官の公卿による合議で運営された。

問2. 八省の中で戸籍を司ったのは民部省である。次の史料は702年に豊前国で作成された戸籍の一部であるが，この戸籍について述べた文のうち誤っているものを，下の①〜④のうちから

一つ選べ。

戸主	秦部　長日	年六十三歳	老夫	課戸
妻	家部　須加代売	年六十二歳	老妻	
男	a <u>秦部　麻呂</u>	年三十八歳	正丁	嫡子
女	秦部　鳥売	年三十二歳	丁女	嫡女
孫	秦部　牛麻呂	年十四歳	小子	
孫女	秦部　鳥売	年七歳	小女	
孫女	秦部　阿由提売	年六歳	小女	上件の三口は麻呂の男女
弟	b <u>秦部　小日</u>	年六十一歳	老夫	
妻	古溝勝　伊志売	年四十歳	丁妻	
男	秦部　鳥麻呂	年十八歳	少丁	嫡子
男	秦部　根麻呂	年十六歳	小子	
男	秦部　龍	年十一歳	小子	
男	秦部　未	年八歳	小子	
男	秦部　犬麻呂	年六歳	小子	
男	秦部　刀良	年二歳	緑児	上件の五口は嫡男
女	c <u>秦部　羊売</u>	年二十歳	次女	嫡女
外孫	田部勝　等許太利	年一歳	緑児	羊売の男

① 各人の姓名を見ると，当時は婚姻によっても姓が変わらなかったことがわかる。
② 下線部 a の「秦部麻呂」には 3 人の子供がいるが，この子供たちの母親は「秦部」姓の女性であったことがわかる。
③ 下線部 c の「秦部羊売」は，下線部 b の「秦部小日」の娘である。
④ 下線部 c の「秦部羊売」は，「田部勝」姓の男性と夫婦であるか，またはかつてそうであったことがわかる。

9 五畿七道と古代の宮都

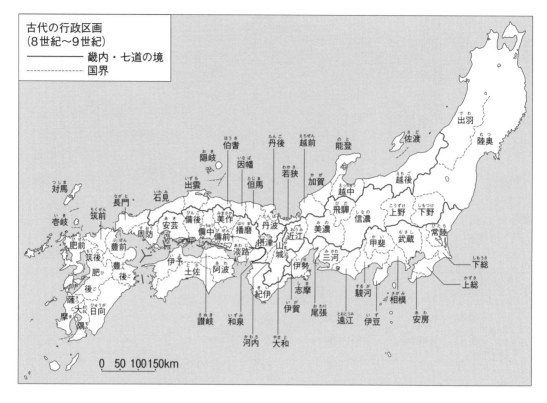

古代の行政区画
(8世紀～9世紀)
——— 畿内・七道の境
--------- 国界

問1. 上の地図に関する次の文章を読み，｛a・b｝のうち正しいほうを選べ。

　律令制のもとで全国は畿内七道に区分され，それぞれの地方には国・郡・里が置かれ，統治のためにそれぞれ国司・郡司・里長が任じられた。

　近畿地方ははじめ4つの国で構成されていたが，(1)｛a.河内国　b.紀伊国｝から郡を分ける形で和泉国が独立して五畿となり，多くの宮都が建設された。

　東山道の最西端に位置するのは(2)｛a.美濃　b.近江｝国で，東海道の場合は，最北端は(3)｛a.武蔵　b.常陸｝国，最西端は(4)｛a.伊勢　b.伊賀｝国である。

　南海道の最東端は(5)｛a.紀伊　b.阿波｝国，最西端は(6)｛a.伊予　b.土佐｝国で，山陽道では最東端は(7)｛a.丹波　b.播磨｝国，最西端は(8)｛a.周防　b.長門｝国である。

　山陰道の最東端は(9)｛a.丹波　b.丹後｝国，最西端は(10)｛a.石見　b.長門｝国で，北陸道の最北端は(11)｛a.出羽　b.越後｝国，最西端は(12)｛a.若狭　b.越前｝国，西海道の最北端は(13)｛a.筑前　b.対馬｝国，最南端は(14)｛a.薩摩　b.大隅｝国である。

　七道中，佐渡は(15)｛a.北陸道　b.東山道｝，淡路は(16)｛a.南海道　b.山陽道｝，隠岐は(17)｛a.山陰道　b.北陸道｝，壱岐は(18)｛a.西海道　b.山陰道｝，種子島は(19)｛a.大隅国　b.薩摩国｝に属した。

七道のうち，律令国家が最も重視したのは⑳{a.山陽道　b.東海道}である。また，古代の駅路としての七道には，駅制と呼ばれる交通・通信制度が整えられていた。駅路は都と地方の連絡のために設置されたもので，すべての㉑{a.国衙　b.郡衙}に通じており，一定の距離ごとに駅家が置かれていた。駅家には一定数の駅馬が配置され，駅鈴をもつ役人だけがそれを乗り継いで官道を往来した。駅家での事務は駅子が行い，これを駅長が統轄した。駅家の経費は駅戸が耕作する駅田からの収益で賄われたが，駅田は㉒{a.輸租田　b.不輸租田}であった。

問2．次の表のア～エは，古代におけるⅠ～Ⅲの遷都を画期とする4つの時期を示している。それぞれの宮都ではさまざまな政策が打ち出されたが，次のa・bの政策は表のア～エのいずれの時期に出されたものか，その組合せとして正しいものを，下の①～④のうちから一つ選べ。

| ア |
| Ⅰ　難波長柄豊碕に都を遷す |
| イ |
| Ⅱ　平城の地に都を遷す |
| ウ |
| Ⅲ　山背国葛野郡宇太村の地に都を移す |
| エ |

　a．詔して曰く…宜しく天下諸国をして各敬みて七重塔一区を造り，并せて金光明最勝王経・妙法蓮華経各一部を写さしむべし。
　b．詔して曰く，更に諸氏の族姓を改めて，八色之姓をつくり，以て天下の万の姓を混かす。

　①　a―イ　　　②　a―ウ　　　③　b―ア　　　④　b―エ

10 平城京平面図の読み方

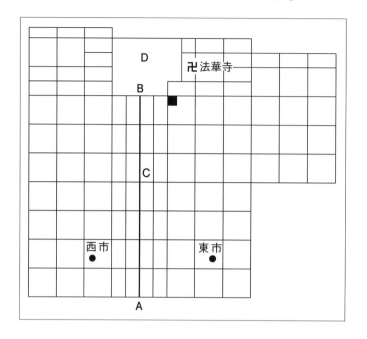

問1. 上の図版に関する次の文章を読み，{a・b}のうち正しいほうを選べ。

　710年に(1){a.文武天皇　b.元明天皇}が都を(2){a.藤原京　b.難波京}からこの地に移した。平城京は唐の都(3){a.洛陽　b.長安}にならって建設された都城で，碁盤の目状に京内を道路で区画する(4){a.条坊制　b.条里制}が取りいれられた。

　東西約4.3km，南北約4.8km の広さをもつ都の中央には，南の**A**(5){a.南大門　b.羅城門}と北の**B**(6){a.朱雀門　b.応天門}を結ぶ道幅74mの**C**(7){a.若宮大路　b.朱雀大路}が走り，北端中央部**D**の平城宮には天皇の日常生活の場である(8){a.大極殿　b.内裏}などが置かれていた。平城京の周囲については，(9){a.全体が城壁によって囲まれていた　b.羅城の城壁はめぐらされていなかった}と考えられている。

　大路によって分けられた都の東部分は(10){a.右京　b.左京}と呼ばれ，その東側には(11){a.内京　b.外京}と呼ばれる街区が春日山山麓にかけて突き出ていた。

　平城京の内部には(12){a.興福寺　b.法隆寺}などの大寺院が置かれたが，諸国の国分寺を統括した(13){a.東大寺　b.西大寺}は平城京の京域内には位置していなかった。平城宮の東側に位置する法華寺は，もと(14){a.藤原仲麻呂　b.藤原不比等}の邸宅跡を娘の光明子が相続して寺院としたもので，諸国の国分尼寺を統括するなど重要な役割を果たした。

　また，(15){a.七条　b.八条}に置かれた東西の官営市は，(16){a.日の出から日の入り　b.正午から日没}まで開かれ，(17){a.市司　b.大倭}の管理のもとで布・糸や地方の産物などが交換

され，京内の人々の生活を支えた。

　1986年から行われた平城京跡の発掘調査によって，⒅⎰a．左京三条二坊　b．右京三条二坊⎱の図版の■の位置から大量の⒆⎰a．木簡　b．竹簡⎱とともに⒇⎰a．橘諸兄　b．長屋王⎱の豪邸の遺構が発見されたことも記憶に新しい。

問２．次のⅠ～Ⅲの歌は，古代の宮都を詠んだものであるが，奈良時代の宮都に最も関係の深い歌と地図中に示したその宮都の位置の組合せとして正しいものを，下の①～⑨のうちから一つ選べ。

Ⅰ　春過ぎて夏来るらし白たへの　衣ほしたり天の香具山
Ⅱ　さざなみの志賀の都は荒れにしを　昔ながらの山桜かな
Ⅲ　三香の原くにのみやこは荒れにけり　大宮人のうつろいぬれば

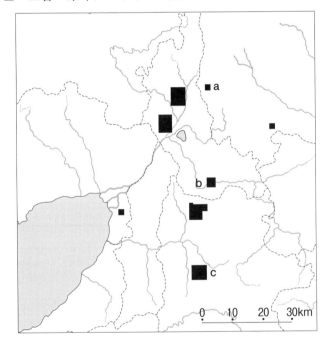

①　Ⅰ－a　　　②　Ⅰ－b　　　③　Ⅰ－c
④　Ⅱ－a　　　⑤　Ⅱ－b　　　⑥　Ⅱ－c
⑦　Ⅲ－a　　　⑧　Ⅲ－b　　　⑨　Ⅲ－c

11　奈良時代の藤原氏

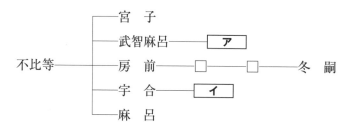

問1.　上の系図に関する次の文章を読み，{a・b}のうち正しいほうを選べ。

　藤原不比等の子の武智麻呂は(1){a．京家　　b．南家}の祖となった。その子で恵美押勝と称した
　ア　は道鏡を除こうとして挙兵したが，764年に(2){a．橘奈良麻呂側　　b．孝謙上皇側}の勢力
によって敗れた。
　藤原宇合は(3){a．北家　　b．式家}の祖で，子の　イ　は(4){a．玄昉　　b．行基}・吉備真備を除
こうと740年に(5){a．多賀城　　b．大宰府}で挙兵したが鎮圧され，聖武天皇はそれを機に都を(6)
{a．恭仁京　　b．紫香楽宮}に移した。

**問2.　8世紀に藤原氏が関係した事件について述べた文として誤っているものを，次の①～④の
　　　　うちから一つ選べ。**

①　橘奈良麻呂は，旧豪族の力を合わせて藤原仲麻呂の専権に対抗しようとしたが，逆に仲麻
　呂によって倒された。

②　藤原広嗣は，聖武天皇の信任厚い玄昉や吉備真備らの排除を求めて大宰府で反乱をおこし，
　政界に大きな動揺を与えた。

③　藤原不比等の没後，政界を主導した橘諸兄を自殺に追い込んだ事件は，不比等の4子によ
　る策謀であった。

④　藤原百川らは，称徳天皇まで続いた天武天皇系の天皇に代わって，天智天皇の孫である光
　仁天皇を即位させた。

12 伽藍配置の変遷と古代の寺院

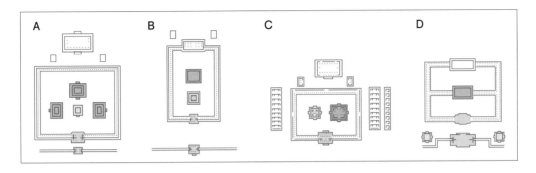

問1. 上の図版**A〜D**に関する次の文章を読み，{a・b}のうち正しいほうを選べ。

　寺院における堂宇の中心は，もともとは仏舎利を納める(1){a.塔　b.僧堂}であった。それが時代とともにしだいに装飾的役割をもつようになり，歩廊の外に配置されるようになった。それに代わって本尊を納める(2){a.法堂　b.金堂}が寺院の中心を占めるようになる。

　伽藍配置を見ると，**A**の(3){a.飛鳥寺　b.薬師寺}では塔を3つの(2)が囲んでいたが，**B**の(4){a.四天王寺　b.法隆寺}では講堂・(2)・(1)・中門・南大門が一列一直線に並ぶ形となり，**C**の(5){a.大安寺　b.法隆寺}では(1)と(2)が並置され，**D**の東大寺では(1)が歩廊の外側に配置されるようになるなど，(1)のもつ役割がしだいに装飾的なものに変化していったことが読み取れる。

問2. 次の**Ⅰ〜Ⅲ**の文章を古いものから年代順に正しく配列したものを，下の①〜⑥のうちから一つ選べ。

Ⅰ　鎮護国家の思想にもとづいて，国ごとに二つずつの寺院をつくることが，朝廷によって命じられた。

Ⅱ　同じ遣唐使にしたがって中国に渡った二人の僧は，帰国後，それぞれ新しい宗派をおこし，山の中の寺院を中心にその発展をはかった。

Ⅲ　中国の南北朝時代の仏教文化や朝鮮半島三国の仏教文化の影響を受けた寺院や仏像が近畿地方を中心につくられた。

① Ⅰ—Ⅱ—Ⅲ　　　② Ⅰ—Ⅲ—Ⅱ　　　③ Ⅱ—Ⅰ—Ⅲ

④ Ⅱ—Ⅲ—Ⅰ　　　⑤ Ⅲ—Ⅰ—Ⅱ　　　⑥ Ⅲ—Ⅱ—Ⅰ

13　東北経営の進展

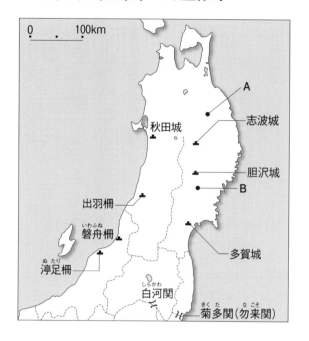

問1．上の地図に関する次の文章を読み，｛a・b｝のうち正しいほうを選べ。

　7世紀の中頃，(1)｛a．皇極天皇　　b．孝徳天皇｝を中心とする改新政府は，現在の(2)｛a．新潟県　b．山形県｝地方に647年に(3)｛a．出羽柵　　b．淳足柵｝，648年に(4)｛a．磐舟柵　　b．牡鹿柵｝を設置した。斉明天皇の時代になると，658年に(5)｛a．阿倍比羅夫　　b．阿曇比羅夫｝が水軍を率いて日本海側を北上し，蝦夷・粛慎を討ったといわれる。

　律令制下の東北地方は(6)｛a．東北道　　b．東山道｝に属し，奈良時代になると本格的に東北経営が進められた。日本海側では712年に現在の(7)｛a．秋田・山形　　b．秋田・青森｝両県に該当する出羽国が置かれ，733年には(8)｛a．最上川　　b．雄物川｝河口の北方に秋田城が築かれた。太平洋側では724年，(9)｛a．元正天皇　　b．聖武天皇｝の時代に多賀城が築かれて，陸奥国府と(10)｛a．陸奥将軍府　　b．鎮守府｝が併置された。

　光仁天皇の時代，(11)｛a．780年　　b．790年｝に伊治呰麻呂が多賀城を焼き打ちにするなどの大規模な反乱がおこった。そのため桓武天皇は(12)｛a．紀広純　　b．紀古佐美｝を征東大使として軍を進めたが，蝦夷の族長である阿弖流為の反撃にあうなど，軍事的制圧は困難をきわめた。

　そこで天皇は(13)｛a．坂上苅田麻呂　　b．坂上田村麻呂｝を征夷大将軍に任命し，802年に(14)｛a．胆沢城　　b．桃生城｝を築き，阿弖流為を降伏させて鎮守府を多賀城から移し，さらに翌803年には北方に(15)｛a．伊治城　　b．志波城｝を築いた。

　805年には，菅野真道と(16)｛a．藤原冬嗣　　b．藤原緒嗣｝との間でいわゆる徳政相論がおこり，

その結果，桓武天皇は蝦夷征討を中止したが，嵯峨天皇の時代になると，811年に⑰┊a．文屋康秀　b．文室綿麻呂┊が征夷将軍に任じられて東北地方の平定を完了させ，813年には最後の城柵として，⑮の南部に⑱┊a．徳丹城　b．石城┊が築かれた。

平安時代末期に栄華を極めた⑲┊a．藤原清衡　b．清原家衡┊らが拠点とした平泉の位置は，地図中の⑳┊a．**A**　b．**B**┊である。

問2．大化改新後の政権は，蝦夷の地に行政と軍事の機能をあわせもつ城柵を設置して，支配領域を拡大していった。これについて述べた次の文**X・Y**と，それに該当する地図中の位置a〜dの組合せとして正しいものを，下の①〜④のうちから一つ選べ。

X　国府が置かれていたこの城柵を，蝦夷の伊治呰麻呂らが焼き払った。

Y　この地は，阿弖流為ら有力な蝦夷の根拠地であったが，のちに城柵が置かれ，鎮守府が移された。

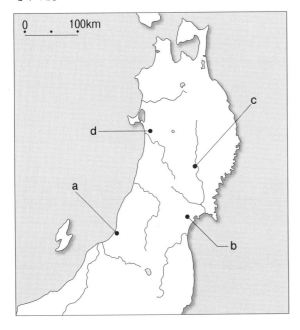

① **X**—a　　**Y**—c　　② **X**—a　　**Y**—d

③ **X**—b　　**Y**—c　　④ **X**—b　　**Y**—d

14　平安時代の藤原氏

問1．上の系図に関する次の文章を読み，{a・b}のうち正しいほうを選べ。

　藤原冬嗣は810年の薬子の変に際し，最初の(1){a.検非違使別当　b.蔵人頭}に就任して天皇の側近として重要な役割を果たし，藤原氏(2){a.北家　b.式家}の政界進出の端緒を開いた。

　その子の良房は842年の(3){a.承和の変　b.応天門の変}で伴健岑・(4){a.橘諸兄　b.橘逸勢}らを排斥し，858年に(5){a.淳和天皇　b.清和天皇}のもとで臣下ではじめて摂政に就任した。

　基経は(6){a.宇多天皇　b.光孝天皇}の時，884年にはじめて関白に就任して勢力を強め，その子の　ア　は901年に(7){a.菅原道真　b.源高明}を政界から追放した。やがて969年の(8){a.安和の変　b.阿衡の紛議}以降は藤原忠平の子孫が摂関の地位を踏襲したが，その地位をめぐる藤原氏内部の対立が続き，その争いは　イ　の時代に終息した。

　　イ　は(9){a.後一条・後朱雀・後冷泉　b.後朱雀・後冷泉・後三条}天皇3代の外祖父として権勢をふるい，(10){a.宇治関白　b.御堂関白}とも称された頼通の時代にかけて摂関政治は全盛をきわめた。

問2．平安時代の藤原氏に関連して述べた次の文Ⅰ～Ⅲについて，古いものから年代順に正しく配列したものを，下の①～⑥のうちから一つ選べ。

　Ⅰ　光孝天皇の即位に際して，藤原基経がはじめて関白に任じられた。

　Ⅱ　藤原時平の策謀によって，右大臣菅原道真が大宰権帥に左遷された。

　Ⅲ　幼少の清和天皇が即位したのち，藤原良房が臣下ではじめて摂政をつとめた。

①　Ⅰ—Ⅱ—Ⅲ　　②　Ⅰ—Ⅲ—Ⅱ　　③　Ⅱ—Ⅰ—Ⅲ

④　Ⅱ—Ⅲ—Ⅰ　　⑤　Ⅲ—Ⅰ—Ⅱ　　⑥　Ⅲ—Ⅱ—Ⅰ

15　荘園絵図の読み方

問1．上の図版に関する次の文章を読み，{a・b}のうち正しいほうを選べ。

　この絵図は，紀伊国にあった桛田荘(かせだのしょう)を示したもので，荘園領主は「両界曼荼羅」でも知られる京都の(1){a.高山寺　b.神護寺}である。荘園絵図は荘園の領域を示すために描かれることが多く，桛田荘の場合は，絵図に描かれた(2){a.4つ　b.5つ}の黒丸(＝四至牓示(しいしぼうじ))で囲まれた内側が荘園の領域ということになる。

　荘園とは田畑だけを指すのではなく，集落や森・川・山など領域内の周辺の景観をも含めた呼称である。桛田荘にはいくつかの集落があるが，(3){a.紀伊川に沿った大道沿い　b.静川(しずかわ)以北}にも集落のようすが描かれている。ひときわ大きい家は(4){a.地域の有力者の家　b.馬借・車借などの運送業者の施設}であろう。

　桛田荘の境界に注目すると，西側は(5){a.名手荘(なてのしょう)　b.志富田荘(しぶたのしょう)}や静川荘と接していることが読み取れる。

　また北東部には，堂と(6){a.神社　b.寺院}を示す八幡宮が見えるが，当時生きた人々がどのような信仰形態を共有していたかが推察できるだけでなく，2つの宗教施設が同じ敷地内にあることから，桛田荘内部にはすでに(7){a.神仏分離　b.神仏習合}のあり方が定着していたことも読み取れる。

問２．この絵図を観察して述べた文として正しいものを，次の①～⑦のうちから３つ選べ。

① 桛田荘の領域は，「静川」から「紀伊川」南岸の山すそまで広がっており，荘園の内部には山林原野なども含まれていた。

② 荘園に組み込まれたのは年貢などの取れる耕地だけであり，桛田荘とは絵図の中に畔で十字に区画されて描かれた水田地区のことである。

③ 絵図に記されている地名から，周囲の土地は，桛田荘のような荘園ではなく，いずれも国衙領（公領）であったことがわかる。

④ 荘園内には通常いくつかの集落があり，この桛田荘の絵図にも民家と見られる家屋の集まりが３カ所に描かれている。

⑤ 集落内の家屋のうちに，ほかより立派に描かれた建物があり，荘園で暮らす住民の中に，特別な有力者が存在した当時のようすがわかる。

⑥ 「大道」沿いに描かれた集落のようすは，この絵図が作成された院政期に最盛期を迎えた定期市の店棚のありさまを典型的に示すものである。

⑦ 「八幡宮」（神社）と「堂」（寺）は同じ敷地内にあり，神祇信仰と仏教が一体化していた神仏習合のありさまがわかる。

16 原始・古代の絵画

A

B

C

D   **E**

問１．原始・古代の絵画に関する次の文章を読み，{a・b}のうち正しいほうを選べ。

　絵画は現実の姿や人々の心情・感性などを「描写」を通して素材の面に形象化したもので，古くは(1){a.縄文時代　b.弥生時代}に用いられた青銅器の(2){a.銅剣　b.銅鐸}にも多くの線画が鋳出されている。たとえば(3){a.杵と臼　b.鍬と鋤}で人が米をついているようすや，穀物を蓄えておく(4){a.高床倉庫　b.平地式住居}のほか，動物や昆虫など当時の生態系や食生活を象徴する描写が特徴的である。

　6世紀に仏教が伝来すると，絵画にも大陸風の風俗や仏教色が強くなり，白鳳期には(5){a.高松塚　b.大仙陵}古墳などに壁画が描かれるようになり，奈良県のキトラ古墳では(6){a.玄武　b.白雉}・青竜・朱雀・白虎の四神図や天文図が発見された。奈良時代に入ると薬師寺(7){a.「吉祥天像」　b.「鳥毛立女屏風」}のような仏画も描かれた。平安初期に密教が盛行すると，絵画面でも神護寺や教王護国寺の(8){a.「不動明王像」　b.「両界曼荼羅」}のような仏の世界図が製作されるようになった。遣唐使が中止されると，それまでの唐絵にかわって日本の花鳥風月を題材とした大和絵が描かれるようになり，文化の国風化が進んだ。そして，平安中期に浄土教が流行すると，(9){a.瑠璃光　b.極楽}浄土から(10){a.阿弥陀如来　b.薬師如来}が死者を迎えにくる来迎図が描かれるようになった。

問２．原始・古代の絵画A〜Eについて，古いものから年代順に正しく配列したものを，次の①〜⑨のうちから一つ選べ。

① A—C—D—B—E　　② A—D—C—E—B　　③ A—E—C—B—D
④ B—D—A—C—E　　⑤ B—C—A—D—E　　⑥ B—A—C—E—D
⑦ C—D—A—E—B　　⑧ C—A—B—E—D　　⑨ C—B—A—D—E

第2章　中　世

17　鎌倉要図

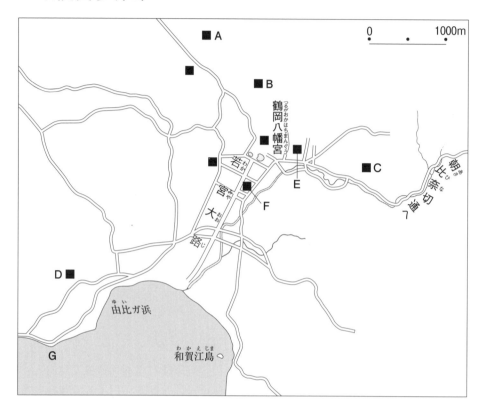

問1．上の地図に関する次の文章を読み，{a・b}のうち正しいほうを選べ。

　　源頼朝が幕府の開設場所を鎌倉に決定したのには，いくつかの要因があった。鎌倉の三方が山に囲まれ，南が海に面している要害の地であったことや，(1){a．千葉常胤　b．大庭景親}の進言があったこと，すでに(2){a．源義家　b．源頼義}が(3){a．宇佐八幡宮　b．石清水八幡宮}を勧請して由比に祀っていたので，いわば源氏の守護神が鎮座していたことなど，軍事的・地理的・人間的・宗教的な要因が考えられる。由比の社殿は源頼朝によってほぼ現在の地に移され，参詣のための若宮大路や段葛が造成されたが，火災によって焼亡したため，あらためて(3)を勧請して鶴岡八幡宮として整備された。

　　Aは北条時宗が創建した鎌倉五山第二の(4){a．寿福寺　b．円覚寺}，**B**は(5){a．無学祖元　b．蘭溪道隆}が開山にあたった鎌倉五山第一の建長寺，**C**は鎌倉五山第五位の(6){a．浄智寺　b．浄妙寺}，**D**は叡尊の弟子の忍性が中興した真言律宗の(7){a．極楽寺　b．長谷寺}である。

　　鎌倉は地形的に起伏に富んでいるため，甲冑をまとった武士や一般の人々の往来には難所が多

かったので，朝比奈切通しなど多くの切通しが設けられた。

この朝比奈切通しを東に行くと，鎌倉の外港として(8)｛a.六浦　b.三崎｝があり，そこでは日宋貿易で来航した宋船から大量の陶磁器などが陸揚げされた。(8)が鎌倉から遠かったので，内港として3代執権(9)｛a.北条義時　b.北条泰時｝の時代に往阿弥という僧侶が中心となり，和賀江島という人工島が造成されたが，水深が浅かったこともあり，大型船の入港には適さなかった。

幕府の所在地は，鎌倉時代を通して一所に定まっていたわけではなく，1185年から1225年までは鶴岡八幡宮の東側の**E**の場所に(10)｛a.大倉　b.宇津宮辻子｝御所が置かれ，1226年から1333年までは**F**の場所に(11)｛a.大倉　b.宇津宮辻子｝御所が営まれた。

1333年に新田義貞が**G**の(12)｛a.長者ケ崎　b.稲村ケ崎｝の海岸線を越えて鎌倉に入り，14代執権(13)｛a.北条高時　b.北条守時｝らを東勝寺で自害に追い込み，鎌倉幕府を滅ぼした。

問2．鎌倉幕府の成立時期については多くの説が並立しているが，さまざまな視点から成立時期についてカードにまとめた場合，最も適切なものを，次の①〜④のうちから一つ選べ。

① 鎌倉に侍所・公文所・問注所が設置され，東国軍事政権としての行政官庁が整備された1180年。

② 源頼朝が鎌倉を出て初めて京都に向かい，後白河法皇に謁見して右近衛大将に就任した1192年。

③ 寿永二年の十月宣旨によって，源頼朝が東海道・東山道・北陸道の支配権を獲得した1183年。

④ 源義経追討を名目に，源頼朝が守護・地頭を設置する権限を獲得し，軍事責任者としての地位についた1185年。

18 鎌倉幕府の職制と御家人支配

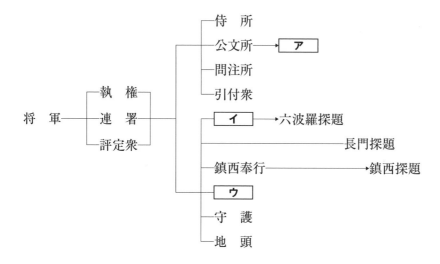

問1. 上の職制図に関する次の文章を読み，｛a・b｝のうち正しいほうを選べ。

　源頼朝は1180年に武家政権最初の役所として侍所を設置し，長官である別当に⑴｛a. 和田義盛　b. 梶原景時｝を任じた。1184年には一般政務を司る公文所が置かれ，初代別当には⑵｛a. 武家　b. 公家｝出身の大江広元が就任した。公文所はのちに　ア　の⑶｛a. 政所　b. 預所｝に発展した。また同年には裁判事務を担当する問注所が置かれ，初代執事には同じく⑵出身の⑷｛a. 三善康信　b. 三善為康｝が就任した。

　京都には洛中の警備や西国御家人を統率する　イ　の⑸｛a. 京都大番役　b. 京都守護｝が置かれたが，⑹｛a. 霜月騒動　b. 承久の乱｝の後には六波羅探題に発展し，北条時房と⑺｛a. 北条義時　b. 北条泰時｝が現地で朝廷の監視や西国御家人の統括にあたった。

　九州には九州地方の御家人を統率する鎮西奉行が置かれたが，⑻｛a. 蒙古襲来　b. 南北朝の動乱｝の後には鎮西探題に発展した。また東北地方には　ウ　の⑼｛a. 奥州総奉行　b. 奥州探題｝が設置された。

　1185年，源頼朝は⑽｛a. 後白河法皇　b. 後鳥羽上皇｝から守護・地頭を任命する権利や段別5升の⑾｛a. 兵糧米　b. 加徴米｝を徴収する権利を得た。

　守護は一国に一人の割合で有力御家人が任じられ，京都大番役に御家人を誘導・指揮する大番催促と⑿｛a. 浮浪人　b. 謀叛人｝・殺害人の逮捕という大犯三か条を職務とした。

　地頭は平家没官領や謀叛人の所領跡地などに任命され，下地<ruby>管理<rt>したじ</rt></ruby>・年貢徴収・治安維持にあたった。

　1225年には⒀｛a. 将軍　b. 執権｝の補佐役として連署が置かれ，北条泰時の叔父にあたる⒁｛a. 北条長時　b. 北条時房｝が任じられた。また同年には北条氏一門と有力御家人が⒂｛a. 引付

衆 b. 評定衆 に任じられ，執権政治における合議体制が確立した。

　ところで鎌倉幕府がいつ成立したかという時期について，従来は(16) a.頼朝が右近衛大将にな
った b.頼朝が征夷大将軍になった 1192年をもって幕府が開かれたとされてきたが，最近では
守護・地頭という軍事力を全国に設置する権利を認められた(17) a.1183年 b.1185年 をもって
軍事政権としての幕府の成立期と見る考え方が有力視されるようになった。しかし，それにも批
判的な見方があるため，歴史学の上では「西暦○年に鎌倉幕府が開かれた」と明快に断定するこ
とは困難な状況にあるのが実情である。

問2．次の史料は，源頼朝が自ら署名（御判）して，中原信房を豊前国伊方荘の地頭に任命した文
　　書である。これに関連して述べた文として誤っているものを，下の①〜④のうちから一つ選べ。

> 　　　　　　　源頼朝（御判）
> 　下す　　　豊前国伊方荘住人
> 　　　　地頭職に補任するの事
> 　　　　　中原信房
> 右，前の地頭貞種，貴賀島（注1）に渡らず，また奥州追討のとき参会せず。この両度の過怠
> （注2）により，彼の職を停止すべきなり。よって信房をもって補任するところなり。
> 　　　　　　　　　　　　　　建久三（1192）年二月二十八日　　　（佐田文書）
> （注1）　貴賀島：鬼界島とも書かれ，鹿児島県南部の薩南諸島内の島である。源頼朝は1188（文治4）年に軍勢を派遣
> 　　　　　して，この島を征服した。
> （注2）　過怠：おこたること。

① 源頼朝は，南の貴賀島や，北の奥州までも「追討」の対象とした。
② 源頼朝は，地頭などの御家人には，頼朝の命令に従って軍事的奉公する義務があり，それ
　　を怠った地頭の職は没収すべきものと考えていた。
③ 源頼朝は，このような軍事行動によって全国を支配下に置き，特に京都には六波羅探題を
　　置いて朝廷を監視した。
④ 源頼朝は，奥州藤原氏を滅ぼし，1192（建久3）年に征夷大将軍に任命された。

19　北条氏の系図と執権政治

```
          ┌─ 政　子
時　政 ─┼─ 義　時 ─── ア ─── 時　氏 ─── イ ─── 時　宗 ── 貞　時 ── 高　時
          └─ 時　房
```

問1．上の系図に関する次の文章を読み，{a・b}のうち正しいほうを選べ。

　北条時政の子の義時は，1213年に(1){a.和田義盛　b.畠山重忠}を滅ぼした後，政所別当と侍所別当を兼務し，政治・軍事の両面で幕府政治の中枢を掌握した。

　その子の　ア　は，1225年に(2){a.引付衆　b.評定衆}を設置して合議制にもとづく政治を行い，(3){a.1221年　b.1232年}には武家最初の成文法として御成敗式目を制定して，法治主義による執権政治体制の確立に尽力し，北条氏の権力を強めた。

　ア　の孫にあたる　イ　は，1247年に(4){a.三浦氏　b.安達氏}一族を滅ぼし，1252年には摂家将軍(5){a.九条頼嗣　b.九条頼経}を廃して後嵯峨上皇の皇子の(6){a.宗尊親王　b.守邦親王}を最初の皇族将軍として迎えた。

　イ　の子の時宗は2度にわたる蒙古襲来を撃退し，1274年の(7){a.文禄の役　b.文永の役}の後には博多湾沿岸に(8){a.水城　b.石塁}を築いた。その子貞時の時に(9){a.霜月騒動　b.宝治合戦}が起こり，それを機に得宗専制体制が確立した。

　得宗の家臣(10){a.外様　b.御内人}の代表である内管領は，執権を後見しながら勢力をのばし，最後の得宗となった高時の時代には，内管領(11){a.長崎高資　b.日野資朝}が実権を握った。

問2．次の史料は，系図中の「貞時」の時代に発布された。これに関して述べた下の文X・Yについて，その正誤の組合せとして正しいものを，下の①〜④のうちから一つ選べ。

一，質券売買地の事
　右，所領をもってあるいは質券に入れ流し，あるいは売買せしむるの条，御家人等侘傺（注1）の基なり。向後においては，停止（ちょうじ）に従うべし。以前沽却（こきゃく）（注2）の分に至りては，本主（しゅ）（注3）をして領掌（りょうしょう）（注4）せしむべし。ただし…（中略）知行二十箇年を過ぐるは，公私の領を論ぜず，今さら相違あるべからず。
　永仁五年七月二十二日　　　　　　　　　　　　　　　　　　　（『東寺百合文書』）
（注1）侘傺：困窮　　（注2）沽却：売却　　（注3）本主：本来の持ち主　　（注4）領掌：領有して支配する

X　御家人が所領を質に入れたり売却したりするのは，御家人が困窮する原因だから，今後は

禁止することとした。

Y　御家人が売却した所領は，買った側が20年以上知行していても，取り戻すことができた。

①　X　正　　　Y　正　　　②　X　正　　　Y　誤

③　X　誤　　　Y　正　　　④　X　誤　　　Y　誤

20　鎌倉時代の武士の生活

問1．上の図版に関する次の文章を読み，{a・b}のうち正しいほうを選べ。

　この絵図は，京都の歓喜光寺や神奈川県藤沢市の清浄光寺に所蔵されている(1){a.「一遍上人絵伝」　b.「法然上人絵伝」}に描かれた鎌倉時代の武士の館のようすである。

　建築様式は，平安時代の貴族の邸宅に用いられた(2){a.書院造　b.寝殿造}を簡素化したつくりで，主人の居室である正面の部屋の奥の上座部には部分的に(3){a.畳　b.板}が敷かれているのが見える。

　母屋には(4){a.濡れ縁　b.渡殿}がめぐらされている。また，門の上には武器を納めておく(5){a.高床倉庫　b.矢倉}があり，そこには(6){a.刀剣　b.楯}が並べられている。居室の右側には，狩猟で使う(7){a.鳩　b.鷹}が描かれており，右上の奥の厩では(8){a.馬　b.牛}が飼われているのが見える。

　この館を囲む濠の水は，館の前に広がっている直営地の(9){a.佃　b.口分田}での農業用水としても用いられ，左側に見える竹林の竹は(10){a.武器　b.工具}にも転用されたものと考えられ

る。門前には⑪{a.琵琶法師　b.番人}の姿も確認できる。

　絵巻物のこの場面では，母屋の正面の部屋の中で酒宴中だったこの館の主が，庭に降りて黒衣姿の⑫{a.一遍　b.法然}から直接，「南無阿弥陀仏」という⑬{a.題目　b.念仏}を受け，その後，⑫が門から出ていくところまでが描かれている。

問２．鎌倉時代の武士の生活に関して述べた文として正しいものを，次の①～④のうちから一つ選べ。

①　鎌倉時代の武士は，城下町への集住が義務づけられていた。

②　鎌倉時代を通じて，武士の所領は，嫡子単独相続を原則としていた。

③　鎌倉時代の武家社会における一族の結合のありかたを，寄親・寄子制とよんでいる。

④　鎌倉時代の武士の間では，流鏑馬・犬追物などの武芸の鍛錬が盛んに行われた。

21　鎌倉時代の定期市のようす

問１．上の図版に関する次の文章を読み，{a・b}のうち正しいほうを選べ。

　この絵図は，現在の⑴{a.岡山県　b.福岡県}に開かれた⑵{a.伴野市（とものいち）　b.福岡市（ふくおかのいち）}のようすを描いたもので，⑶{a.「石山寺縁起絵巻」　b.「一遍上人絵伝」}の中の一場面である。
　この市は吉井川（よしいがわ）流域の中州（なかす）に形成され，掘立小屋の中ではさまざまなものが取り引きされていた。

上部右側の仮小屋の前では(4)｛a．布　　b．野菜｝が売られ，その右側では(5)｛a．農具　　b．魚｝や鳥が，また下側では(6)｛a．備前焼　　b．瀬戸焼｝の壺が並んでいるのが見える。

　この場面には，今にも切りつけられようとしている(7)｛a．空也　　b．一遍｝の姿も描かれている。(7)に向かって刀を抜こうとしているのは吉備津宮の神主の息子で，その右側に従者2人を従えている。神主の息子はその妻が(7)の教えに感化されて無断で出家したため，その怒りを(7)に向けていたのである。

　市は経済的な機能を果たしただけではなく，商品の集散にともなってさまざまな情報が交錯する場でもあり，宗教者にとっては格好の布教の場ともなった。

　市が開かれている時には，武士や(8)｛a．市女笠　　b．折編笠｝をかぶった女性など，さまざまな人々が出入りして賑わっていたが，市が開かれていない時には，掘立小屋のあたりは鳥や野犬が遊ぶ閑散とした空間となり，乞食のねぐらと化すこともあった。

　このように，鎌倉時代には交換経済の発達を背景に，(9)｛a．寺社の門前　　b．高札場｝などに定期的に(10)｛a．三斎市　　b．六斎市｝が開かれるようになり，地方に赴く行商人の活躍も見られるようになった。

問2．この絵図において，黒衣の人物に切りかかろうとした人物は，黒衣の人物からささやかれた言葉で怒りを鎮めて考えを一転させ，みずからも出家することになった。そのようすは別の場所に異時同図法で描かれているが，それはこの絵図に向かってどの位置のことか。次の①〜④のうちから正しいものを一つ選べ。

① 絵巻物は，左から右に画面が展開していくので，この絵図の右側にある。
② 絵巻物は，右から左に画面が展開していくので，この絵図の左側にある。
③ 絵巻物は，画面が上から下に展開するので，この絵図の下にある。
④ 絵巻物は，絵本のように一枚一枚めくってみるので，この絵図の裏にある。

22　武士の荘園侵略

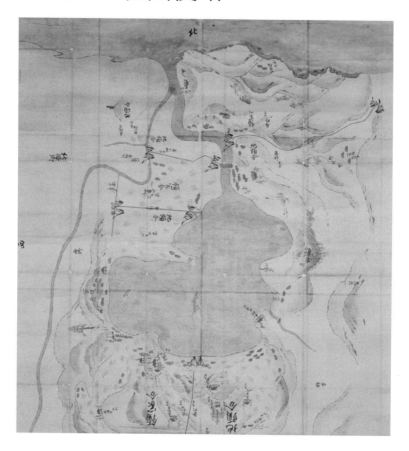

問1. 上の図版に関する次の文章を読み，{a・b}のうち正しいほうを選べ。

　この絵図は，現在の(1){a.鳥取県　b.島根県}に所在した伯耆国東郷荘において，荘園領主と
(2){a.守護　b.地頭}との間で1258年に(3){a.半済　b.下地中分}が成立したことにもとづいて
描かれた絵図である。

　東郷荘には住居のほかに「馬野」とみえる(4){a.牧場　b.畑}や水田・山林などがあり，境界
線を引いて領主側と(5){a.強制的に　b.示談で}折半されたことがわかる。河川や道路を境界と
したが，堀を掘って領主側と(2)側の収益的な面で公平を図ったところもある。境界線の両端には
幕府の執権・連署が認定したことを示す(6){a.印判　b.花押}が証拠として付されている。

　鎌倉幕府は御家人を保護する観点から，こうした荘園に対する措置をしばしば(7){a.奨励
b.抑制}したため，(2)の(8){a.中央領主　b.在地領主}としての性格は一層強化された。

**問2. 地頭と荘園領主との紛争に関して述べた文として誤っているものを，次の①〜④のうちか
ら一つ選べ。**

① 地頭の所領は東国に限定されていたため，地頭と荘園領主との紛争が西国の荘園で起こることはなかった。

② 地頭と荘園領主の紛争を解決するために，荘園の土地を分割する下地中分が行われることもあった。

③ 荘園領主の中には，地頭請によって一定額の収入を確保しようとするものもいた。

④ 百姓が地頭の非法を訴えた文書を，荘園領主に提出することもあった。

23　鎌倉時代の産業

問1．上の図版に関する次の文章を読み，{a・b}のうち正しいほうを選べ。

　この絵は，「春日権現験記」に描かれた中世の建築現場のようすで，当時用いられたさまざまな道具を見ることができる。右側には棟梁と思われる責任者が描かれ，その前では大工集団である(1){a.鋳物師（いもじ）　b.番匠（ばんじょう）}がそれぞれの作業に従事している。

　Aは木材を荒削りする際に用いられた(2){a.鑿（のみ）　b.手斧（ちょうな）}で，**B**は柱などを薄く削る際に用いられた(3){a.やりがんな　b.台がんな}である。右下には(4){a.墨糸　b.墨壺}をはじいて線を引いている人や，木材の断面に(5){a.曲尺（かねじゃく）　b.水平器}をあてて計測している人も描かれている。

問2．次の絵に描かれている**ア～エ**の人物が行っている作業について述べた文として正しいものを，下の①～④のうちから一つ選べ。

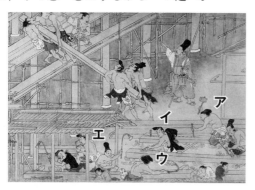

① **ア**の人物は，材木から板を作るのに，鑿(のみ)に似たクサビを用いて打ち割ることをしないで，専用の大きなのこぎりを使用している。

② **イ**の人物は，板などを仕上げるのに，台がんなを用いず，槍(やり)の穂先の反(そ)った形のやりがんなを使っている。

③ **ウ**の人物は，柱などを削るのに，手斧(ちょうな)といった特別な道具を用いず，木を伐採する普通の斧を使っている。

④ **エ**の人物は，材木の寸法を調べるのに，金属製の直角に曲がったものさしである曲尺(かねじゃく)を用いず，手で測っている。

24 寺院の建築様式と鎌倉文化の特徴

A

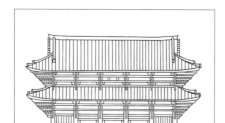

B

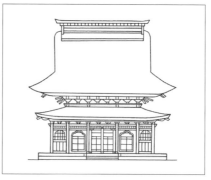

問1．上の図版A・Bに関する次の文章を読み，{a・b}のうち正しいほうを選べ。

1180年の(1){a.平維衡(これひら)　b.平重衡(しげひら)}による南都焼き打ちによって，興福寺や東大寺の堂塔伽藍が焼亡した。その復興のために浄土宗の老僧(2){a.重源(ちょうげん)　b.陳和卿(ちんなけい)}が大勧進職に任じられ，

人々から寄付を受け，東大寺の復興に尽力した。

　東大寺の再建に際して，中国南部の寺院建築様式である(3){a.大仏様　b.禅宗様}が取り入れられた。**A**は(3)を代表する建築である。また，中国北部の寺院建築様式である(4){a.大仏様　b.禅宗様}が宋からもたらされ，**B**の(5){a.建長寺　b.円覚寺}舎利殿に用いられているが，その創建は室町時代の初期と考えられている。

　(3)は大建築に適した様式で，力強く豪放で自由奔放な手法を用いたが，その粗放さが日本人の好みにあわなかったために早く衰退した。それに対し，日本人は細かい木材を用いて繊細な美しさを見せた(4)の様式を好んだとされる。

問２．鎌倉時代には芸術の分野において，時代の新しい感覚を示す「新しい様式」の作品が次々に生まれた。この「新しい様式」を説明した文として正しいものを，下の①〜④のうちから一つ選べ。

①　簡単な組み立てで大きな建物をつくりうる大仏様（天竺様）の建築様式。
②　太い柱や厚い土壁，連子窓を特徴とする禅宗様（唐様）の建築様式。
③　華麗な色彩と力強い描線をあわせもつ豪華な障壁画の画風。
④　寄木造の技法を利用して造られた優美な定朝様の彫刻様式。

25　建武政権の政治機構と新政への批判

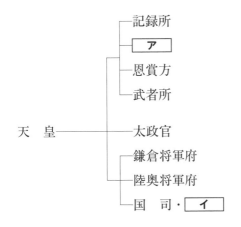

問１．上の職制図に関する次の文章を読み，{a・b}のうち正しいほうを選べ。

　(1){a.大覚寺統　b.持明院統}から即位した後醍醐天皇が，延喜・天暦の治を理想に天皇親政に着手した。「建武」という年号は，中国の(2){a.武帝　b.光武帝}の時の年号を採用したもの

である。

　中央の政治組織は，⑶¦a.裁判記録を保管する　b.一般政務を担当する¦記録所や，鎌倉幕府の倒幕と建武政権の確立に功績のあった人々に対して論功行賞を司った恩賞方，京都の治安維持のための武者所などがあった。また　ア　は，所領問題を専門に取り扱った⑷¦a.引付衆　b.雑訴決断所¦である。

　地方をみると，鎌倉には鎌倉将軍府を設置して⑸¦a.護良親王　b.成良親王¦を任じて足利直義に補佐させ，東北地方では⑹¦a.胆沢城　b.多賀城¦の跡地に陸奥将軍府を設置し，⑺¦a.義良親王　b.懐良親王¦を任じて北畠顕家にこれを補佐させた。また諸国には国司と　イ　の⑻¦a.郡司　b.守護¦を併置した。

　建武の新政においては，土地所有権などの最終決定には絶対的な文書として必ず⑼¦a.宣旨　b.綸旨¦を必要としたため，政務の停滞を招くこともあった。また恩賞が⑽¦a.武家に厚く公家に薄い　b.公家に厚く武家に薄い¦などの不公平感などもあって，新政権に対する人々の信頼は急速に失われ，社会が混乱する中で建武政権は発足から3年足らずで崩壊した。

問2．次の史料A・Bはいずれも建武の新政を批判したものである。この史料を説明した文として誤っているものを，下の①〜④のうちから一つ選べ。

A　此比都ニハヤル物，夜討，強盗，謀綸旨。召人，早馬，虚騒動。…安堵，恩賞，虚軍。本領ハナルヽ訴訟人。文書入レタル細葛。追従，讒人，禅律僧。下克上スル成出者。器用ノ堪否，沙汰モナク。モルヽ人ナキ決断所。…京童ノ口ズサミ，十分一ヲモラスナリ。

（『建武年間記』）

B　爰に京都の聖断を聞き奉るに，記録所・決断所を置かるといへども，近臣臨時に内奏を経て，非義を申し行ふ間，綸言朝に変じ，暮に改りし程に，諸人の浮沈掌を返すが如し。…又天下一同の法をもて安堵の綸旨を下さるといへども，所帯を召さるヽ輩，恨をふくむ時分，公家に口ずさみあり。尊氏なしといふ詞を好みつかひける。　（『梅松論』）

①　史料Aは，その末尾に「京童ノ口ズサミ，十分一ヲモラスナリ」とあるように，京都の民衆が建武の新政の混乱ぶりを風刺したものである。

②　史料Bは，文中に「尊氏なし…」とあるように，足利尊氏に近い立場にある人物によって書かれた南北朝時代の歴史書である。

③　史料Aに見える「謀綸旨」が多数つくられたのは，史料Bにあるように，建武新政府では綸旨によって所領の安堵が行われたからである。

④　建武の新政では，史料Aにある「下克上スル成出者」が多数登用されたので，史料Bにみ

えるように，由緒ある公家の没落をもたらした。

26 足利氏の系図

問1．上の系図に関する次の文章を読み，{a・b}のうち正しいほうを選べ。

足利尊氏の弟にあたる ア は尊氏の執事(1){a.高師直　b.足利直冬}と対立して(2){a.南北朝の動乱　b.観応の擾乱}を起こしたが，最後は尊氏によって殺害された。

尊氏の子の基氏は鎌倉に下って(3){a.鎌倉府　b.鎌倉将軍府}の初代長官となり，(4){a.鎌倉公方　b.関東管領}の補佐を受けたが，その地位は基氏の子孫によって世襲された。

義満は京都室町に(5){a.花の御所　b.柳の御所}を造営してそこで政治を行った。義満は守護大名の勢力削減に努め，1391年には(6){a.明徳の乱　b.応永の乱}で(7){a.大内義弘　b.山名氏清}を滅ぼした。

外交面では，南北朝が合体した1392年，朝鮮半島では(8){a.李成桂　b.朱元璋}によって朝鮮が建国された。 イ は朝貢外交を国辱として，1411年に父義満が始めた明との勘合貿易を中断した。

15世紀になると下剋上の風潮が高まった。6代将軍義教が播磨守護赤松満祐に謀殺された1441年の(9){a.永享の乱　b.嘉吉の変}もその一例である。

1457年に始まった享徳の乱に際し，政知は成氏に対抗するために関東に派遣されたものの，鎌倉には入れず伊豆にとどまって(10){a.古河公方　b.堀越公方}を称した。

ウ は将軍継嗣問題をめぐって日野富子や甥の義尚と争い，1467年には応仁の乱に発展した。

問2．足利氏に関して述べた文として正しいものを，次の①〜④のうちから一つ選べ。

①　足利尊氏の弟である足利基氏は，初代の鎌倉公方に就任した。
②　3代将軍足利義満は，太政大臣に就任した。
③　足利持氏は上杉禅秀の乱によって自害に追い込まれた。
④　堀越公方の足利成氏は，古河公方の足利政知と対立した。

27 室町幕府の職制と室町時代の事件

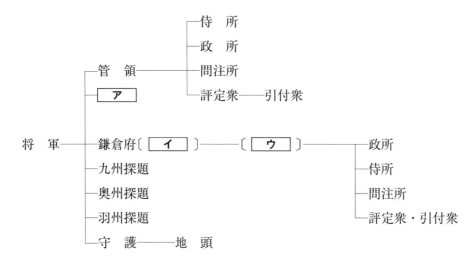

問1. 上の職制図に関する次の文章を読み，{a・b}のうち正しいほうを選べ。

　　足利義満は1378年，京都室町に花の御所（＝室町殿）を造営し，そこで政治を行ったのでこれを室町幕府と呼ぶようになった。

　　幕府の職制は，基本的には鎌倉幕府のそれを踏襲したものであるが，将軍の権威は室町幕府の方が(1){a.大きく　b.小さく}，(2){a.細川・斯波・畠山　b.土岐・佐竹・菊池}の三管領が将軍を補佐した。

　　役所の中では，京都の治安維持などにあたった(3){a.侍所　b.政所}が重視され，その長官である所司には京極・山名・赤松・(4){a.一色　b.伊勢}の有力守護が交代で就任し，四職と呼ばれた。

　　 ア は将軍直属の軍隊で(5){a.奉公衆　b.奉行衆}と呼ばれ，普段は将軍を警護し，諸国に散在する(6){a.御料所　b.蔵入地}と呼ばれる直轄地を管理したほか，守護の動きを牽制する役割も果たした。

　　地方機関としては鎌倉に鎌倉府が置かれ，関八州と(7){a.伊豆・甲斐　b.駿河・遠江}の10か国，のちには陸奥・出羽2か国も支配した。その長官職である イ は(8){a.鎌倉殿　b.鎌倉公方}と呼ばれ，足利尊氏の子の(9){a.足利持氏　b.足利基氏}とその子孫が就任した。補佐役である ウ の地位は代々(10){a.佐々木氏　b.上杉氏}が世襲した。また九州・奥州・羽州にはそれぞれ探題が置かれ，それぞれの地方の統括にあたった。

問2. 次の史料は室町時代に起こったある事件について記したものである。この史料の筆者は事件についてどう見ているか，適当なものを次の①〜⑤のうちから2つ選べ。

昨日の儀，あらあら(注1)聞く。猿楽の初めの時分，内方とどめく(注2)。「何事ぞ」とお尋ねあり。「雷鳴か」など三条(実雅)申さるるのところ，御後ろの障子引きあけて武士数輩出て，すなわち公方を討ち申す。赤松落ち行くに，追いかけて討つ人なし。未練いわんばかりもなし。諸大名同心か，その意を得ざる事なり。しょせん赤松を討たるべきの御企て露顕のあいだ，遮て(注3)討ち申すと云々。自業自得，はたして無力の事か。将軍のかくのごときの犬死，古来その例を聞かざる事なり。

(注1)あらあら：概略の意。
(注2)とどめく：がやがやと騒ぎ立てるの意。
(注3)遮て：先手を打っての意。

① 突然の将軍の死に驚き，赤松氏の卑怯なやり方に義憤を感じている。

② 将軍の死もいわれあることとして，冷ややかに受けとめている。

③ 諸大名が赤松氏と気脈を通じているのではないかと疑っている。

④ 諸大名が赤松氏とともに逃げていったことに不審をいだいている。

⑤ 赤松氏討伐を妨害した大名が処罰されたことを当然のことと考えている。

28　室町時代の寺院

A

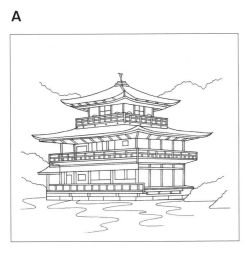

B

問1．上の図版A・Bに関する次の文章を読み，｛a・b｝のうち正しいほうを選べ。

　Aは(1)｛a.足利尊氏　b.足利義満｝が晩年に京都の北山殿に営んだ舎利殿で，下層は(2)｛a.寝殿造　b.書院造｝風の阿弥陀堂，中層は(3)｛a.折衷様　b.和様｝建築の観音殿，上層は(4)｛a.禅

宗様　b.大仏様｜の仏殿で，中層と上層は漆の上に金箔が貼られている。(1)の死後に(5)｛a.金閣寺　b.鹿苑寺｜となったが，戦後1950年に焼失し，1955年に再建・復元された。

　Bは(6)｛a.足利義教　b.足利義政｜が(7)｛a.14世紀　b.15世紀｜後期に京都の東山に営んだ山荘で，観音像を安置したために観音殿と呼ばれた。下層は(8)｛a.書院造　b.主殿造｜で築かれた心空殿で，上層は(9)｛a.大仏様　b.禅宗様｜の潮音閣と呼ばれる仏堂風の建築である。この建物は(6)の死後に⑽｛a.慈照寺　b.銀閣寺｜となった。

問2．室町時代の五山に関連して述べた文として誤っているものを，次の①〜④のうちから一つ選べ。

① 五山の制度は，南宋の官寺の制度にならったものである。
② 京都・鎌倉のそれぞれについて，五山の寺格が定められた。
③ 足利義満の創建した相国寺は，五山の上に列せられた。
④ 五山の僧侶によって，五山版が出版された。

29　住宅建築の特徴

A

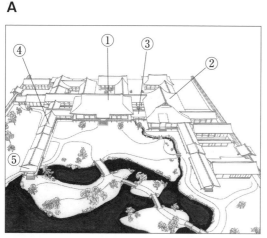

B

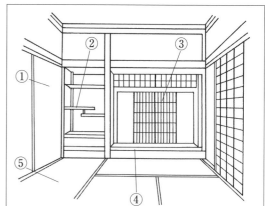

問1．上の図版A・Bに関する次の文章を読み，｛a・b｜のうち正しいほうを選べ。

　Aは平安時代に築かれた藤原氏の歴代の邸宅である東三条殿の復元想定図で，(1)｛a.寝殿造　b.数寄屋造｜を代表する建築物である。屋根は(2)｛a.檜皮葺（ひわだぶき）　b.柿葺（こけらぶき）｜で，敷地内には広大な庭を設け，池や(3)｛a.浮島　b.中島｜を配しているのが特徴である。

　建物の外観を見ると，中央の①は(4)｛a.仏殿　b.寝殿｜で，②の(5)｛a.東対　b.西対｜とは③

の(6)｛a．透廊　b．透渡殿｝で結ばれている。また南側には④の(7)｛a．透廊　b．透渡殿｝がのびて⑤の(8)｛a．泉殿　b．釣殿｝へと続いている。

　建物の内部は板敷だったので，人々はそこに畳や(9)｛a．円座（わろうだ）　b．標（しめ）｝を置いて座って生活していた。また内部は広い空間だったので，間仕切りのために(10)｛a．障子　b．建具｝と呼ばれる調度品が用いられた。(10)とは屏風や衝立，几帳（きちょう），襖などの総称で，屏風などには日本の花鳥風月を題材とした(11)｛a．大和絵　b．唐絵｝が描かれた。

　Bは室町時代後期に(12)｛a．足利義輝　b．足利義政｝の書斎兼持仏堂として造営された東求堂同仁斎である。①は(13)｛a．土壁　b．襖｝，②は(14)｛a．違い棚　b．通り棚｝，③は(15)｛a．襖障子　b．明障子｝，④は(16)｛a．付書院　b．床の間｝と呼ばれる作り付けの机である。⑤には四畳半の畳が敷き詰められている。

　畳は**A**の時代は「置いて使うもの」であったが，**B**の時代になると「敷き詰めるもの」に性格を変えて発展したことがわかる。この**B**の様式が今日の和風住宅建築の原型といわれている。

　また屋根の特徴について考察すると，縄文・弥生時代の竪穴住居では茅などを用いた草葺屋根が中心であった。やがて仏教伝来を機に大陸から瓦も伝えられ，主に寺院建築に用いられたが，神社ではヒノキの皮を用いた檜皮葺が主流であった。

　都市部の民家に瓦屋根が広く用いられるのは防火意識が高まった(17)｛a．中世　b．近世｝以降であるが，農村部においては茅葺きや藁葺きが主流であった。茅葺き屋根の家屋は，現在でも(18)｛a．福島県　b．新潟県｝南会津郡下郷町の大内宿や京都府南丹市の美山北集落などで見ることができる。

　近代になるとスレートを用いた屋根も出現するが，例えば風雪に耐えられるように釉薬を塗って強く仕上げた北陸地方の黒色瓦，錆に強い性質をもつ木曽地方の赤いトタン屋根など，地域や自然環境によっても屋根には大きな特徴と差異が認められる。(19)｛a．山梨県　b．富山県｝の五箇山や(20)｛a．岐阜県　b．長野県｝の白川郷の合掌造りに見る屋根の形状や内部の構造も特徴的である。

問２．次の文は人々の住宅の変遷について記したものである。下線部①〜⑤のうち誤っている箇所を一つ選べ。

　①平安時代の貴族の邸宅は，檜皮葺の寝殿造が中心であり，鎌倉時代の武士の間では，簡素で防御機能をそなえた住宅様式が盛んとなった。②南北朝時代に入ると，寝殿造に禅宗様の建築様式を取り入れた書院造が広まった。③慈照寺東求堂の同仁斎は，書院造の代表的な遺構である。④こののち，茶の湯の隆盛とともに，数寄屋造が生み出された。⑤桂離宮は数寄屋造の代表的な遺構である。都市の庶民の住宅である町屋は，狭小な敷地に設けられ，土間と床張りとからなる構えが多く，室町時代には二階建てのものも見られるようになった。

30 日明貿易の展開

問1．日明貿易の展開と上の図版に関する次の文章を読み，｛a・b｝のうち正しいほうを選べ。

　足利義満は明からの倭寇禁圧要求を受け入れる形で1401年に明と国交を開き，(1)｛a．日本将軍　b．日本国王｝として1404年から勘合を用いた朝貢貿易を開始した。朝貢に対して明からは返書と(2)｛a．暦　b．幟^{のぼり}｝が授けられたが，(2)の授受は日本を明の服属国とし，その時間まで掌握するという意味をもっていた。そのため，これを屈辱的として4代将軍足利義持は1411年に中断したが，貿易の利を捨て切れなかった6代将軍足利義教が1432年に再開した。貿易では銅・刀剣・硫黄などが輸出され，銅銭・生糸のほか陶磁器や絹織物などの輸入品は，(3)｛a．唐物^{からもの}　b．往来物｝として珍重された。

　勘合貿易において，滞在費や運搬費は(4)｛a．すべて日本側が負担したので明側の利益が　b．すべて明側が負担したので日本側の利益が｝大きかった。

　遣明船にはむしろなどを用いた帆が仕掛けられていたが，時には櫓^ろでこぐ場合もあった。図版にみるように，遣明船ははじめは(5)｛a．兵庫　b．堺｝から出発して瀬戸内海を通り，五島列島などで風待ちをしたが，応仁の乱以降になると，(6)｛a．兵庫　b．堺｝を出発して四国の南側を通って五島列島を目指し，そこから明に渡るようになった。

　勘合貿易の主導権ははじめ幕府が握っていたが，貿易が再開された後には守護大名や有力寺社も貿易に参加した。そして貿易の実権をめぐり，堺商人と結ぶ(7)｛a．畠山氏　b．細川氏｝と博多商人と結ぶ(8)｛a．大内氏　b．斯波氏｝が対立し，1523年の(9)｛a．三浦の乱　b．寧波の乱｝を経て，(8)が貿易を独占することとなり，貿易は16世紀中頃に(8)が滅亡するまで続いた。

問2．14世紀から15世紀にかけての日明間系に関して述べた次の文Ⅰ～Ⅲについて，古いものから年代順に正しく配列したものを，下の①～⑥のうちから一つ選べ。

Ⅰ　足利義持によって，明との貿易が一時中止された。

Ⅱ　九州の懐良親王に，明が倭寇の取締りを要求した。

Ⅲ　明の皇帝が，「源道義」を「日本国王」とした。

① Ⅰ—Ⅱ—Ⅲ　　② Ⅰ—Ⅲ—Ⅱ　　③ Ⅱ—Ⅰ—Ⅲ

④ Ⅱ—Ⅲ—Ⅰ　　⑤ Ⅲ—Ⅰ—Ⅱ　　⑥ Ⅲ—Ⅱ—Ⅰ

31　中世の民衆の動き

問1．上の図版に関する次の文章を読み，{a・b}のうち正しいほうを選べ。

　この絵は，ある集団が京都にある真正極楽寺(俗称(1){a.常行堂　b.真如堂})に乱入して乱暴を働いているようすを描いたものである。その雑兵は，軽装で機動力に富むことから(2){a.悪党　b.足軽}と呼ばれ，(3){a.南北朝の動乱　b.応仁の乱}のころには集団で略奪行為を繰り返した。

　15世紀の政治家で学者としても活躍した(4){a.一条兼良　b.二条良基}は，足利義尚の諮問に答えた政治意見書『樵談治要』の中で，この集団を「このたびはじめて出来たる(5){a.足軽　b.悪党}は超過したる(6){a.足軽　b.悪党}である」と述べ，その乱暴ぶりは強盗に匹敵するものとして，永久に停止すべきであると述べている。

問2．次の史料は，ある事件の時に刻まれたものである。その事件と碑文の関係について述べた文として正しいものを，下の①〜④のうちから一つ選べ。

　正長元年ヨリサキハ，カンヘ四カンカウニ，ヲヰメアルヘカラス　　（大和国柳生の碑文）

① この碑文は，嘉吉の変で将軍が殺された後，京都や奈良で数万の人々による土一揆が起こり，債務を破棄させた時のものである。

② この碑文は，浄土真宗（一向宗の）信仰を基盤にして，荘園領主や守護などに対し，一揆を起こして債務を破棄させた時のものである。

③ この碑文は，日蓮宗の信徒が，幕府と交渉して徳政令を出させ，法華一揆を起こして債務を破棄させた時のものである。

④ この碑文は，ある史料に「土民蜂起これ初めなり」と記されている一揆が起こり，債務を破棄させた時のものである。

32　室町時代の絵画と文芸

A

B

問１．上の図版A・Bに関する次の文章を読み，｛a・b｝のうち正しいほうを選べ。

　水墨画は，墨の濃淡や輪郭線の強弱など東洋独特の画法を用いて描かれた墨一色の絵で，日本には(1)｛a.鎌倉時代　b.室町時代｝に禅僧によって(2)｛a.宋・元　b.明・清｝からもたらされ，おもに(3)｛a.曹洞宗　b.臨済宗｝寺院の画僧によって描かれた。

　Aは相国寺の画僧(4)｛a.明兆　b.如拙｝によって描かれた「瓢鮎図」で，ヒョウタンでナマズを押さえる禅問答を題材とした禅機画として知られ，現在は京都の(5)｛a.妙心寺　b.大徳寺｝の退蔵院に蔵されている。

　水墨画はその後，(6)｛a.相国寺　b.東福寺｝の画僧で「寒山拾得図」を描いた周文を経て，やがて(7)｛a.雪村　b.雪舟｝によって水墨山水画として大成された。**B**はその代表作(8)｛a.四季山水図巻　b.秋冬山水図｝の冬景を描いた一幅である。

問2．中世の民衆文芸や芸能に関して述べた文として誤っているものを，次の①～④のうちから一つ選べ。

① 南北朝・室町時代に発達した民衆劇である狂言には，大名・山伏・僧侶などを風刺したものが多い。

② 大和金春座の世阿弥は，将軍足利義政の保護を受け，能のあるべき姿を論じた『風姿花伝』を著した。

③ 連歌は南北朝時代に流行し，二条良基が編集した『菟玖波集』は勅撰に準ぜられ，和歌と対等な地位を獲得した。

④ 御伽草子のうち，「物くさ太郎」「一寸法師」などは立身出世の物語であり，この時代の民衆の願望を反映したものである。

33 庭園の特徴

A

B

C

問1．図版A～Cに関する次の文章を読み，｛a・b｝のうち正しいほうを選べ。

　寺院の境内などに造成された庭園は，それぞれの時代精神を反映した特徴的な造りをしたものが多い。

　Aは平安時代末期に(1)｛a．藤原清衡　b．藤原基衡｝が営んだ(2)｛a．中尊寺　b．毛越寺｝の庭園で，(3)｛a．浄土式　b．禅宗式｝庭園の遺構がよく残されている。阿弥陀と念仏の教えが東北地方にも伝わっていたことを裏付けている。宇治平等院の庭園も(3)を代表する庭園である。

　Bは室町時代に(4)｛a．露地　b．枯山水｝の様式を用いて造られた(5)｛a．竜安寺方丈　b．大徳寺大仙院｝の庭園で，石や白砂で水の流れを表現するなど，禅宗の影響を強く受けていることがわかる。(4)の庭園は，水墨画を庭に投影させたものと見る考え方もある。京都五山の別格上位となった(6)｛a．南禅寺　b．天龍寺｝の方丈の庭にも(4)の技法が施され，江戸時代初期に小堀遠州によって造営された。山水とは庭という意味で，川沿いの河原に住んでいた者が多かったことから，造園技師は山水河原者とも呼ばれた。

　Cの建物は，江戸時代初期に(7)｛a．後陽成天皇　b．後水尾天皇｝の弟八条宮智仁親王の別邸として営まれた(8)｛a．桂離宮　b．修学院離宮｝で，(9)｛a．権現造　b．数寄屋造｝と呼ばれる茶室風の建築が特徴である。庭内に池や築山などを配し，周囲に園路を設けて歩きながら鑑賞できる(10)｛a．回遊式　b．浄土式｝庭園は，茶亭や古書院などの建物群と調和し，その美しさが高く評価されている。石川県金沢市に所在する兼六園にも(10)の技法が施されている。

問2．足利義満は1397年に新たな居所として北山第の造営に着手した。この北山第について述べた文として正しいものを，次の①～④のうちから一つ選べ。

①　この邸宅の広大な庭園には，公家や諸大名から徴発した名木が植えられたため，「花の御所」とも呼ばれた。

②　この邸宅内に営まれた金閣は，禅宗様と伝統的な寝殿造などの建築様式を統合している。

③　この邸宅の庭園は，山水河原者の善阿弥によって作庭された。

④　足利義満の死後，この邸宅は慈照寺となった。

34 室町時代の農業と惣村での生活

A

B

C

問1．上の図版A〜Cに関する次の文章を読み，{a・b}のうち正しいほうを選べ。

　室町時代には農業の集約化・多角化が進み，技術の進歩・改良とともに，生産力も向上した。多収穫品種で赤米とも呼ばれた⑴{a. インディカ米　b. 大唐米}の栽培や，早稲・中稲・⑵{a. 晩稲　b. 遅稲}などの品種改良も進み，畿内などの先進地域では麦と⑶{a. そば　b. 蔬菜}を裏作とする三毛作も始まったほか，肥料では⑷{a. 刈敷・草木灰　b. 干鰯・油粕}のほかに人糞尿や厩肥も用いられた。

　Aには⑸{a. 鉄鎌　b. 鉄斧}を用いて根刈りをしているようすが描かれ，Bには⑹{a. 臼と杵　b. 箕}を用いて脱穀をしているようすが描かれている。Cには揚水具が描かれており，左側には⑺{a. 投げつるべ　b. 担い桶}，右側には中国から伝来した⑻{a. 踏車　b. 竜骨車}がみえる。

問2．次の史料は，惣有林の管理方法などを規定した村掟で，1448年の「近江今堀郷衆議掟」の一節である。この史料から読み取れる当時の惣村のありかたとして誤っているものを，下の①〜④のうちから一つ選べ。

定む　条々の事

一，寄合ふれ二度に出ざる人は，五十文咎たるべきものなり。

一，森林木なへ切木は，五百文づつ咎たるべきものなり。

一，木葉は百文づつ咎たるべきものなり。

　　（中略）

　衆議により定むる所，くだんのごとし。

　　　　　　　　　　　文安五年十一月十四日　　これを始む。

① 村民に対し，会合への出席を義務付け，惣有林の勝手な使用を禁じ，違反者には罰金を科
　すなど，惣村の規制力は強かった。

② 惣有林は，薪炭などの用材だけでなく，刈敷・草木灰などの肥料の原料をも供給していた。

③ 罰則として金銭の支払いが定められていたことは，貨幣流通の発達が遅れていた近江今堀
　郷の住民にとって，この規定を一層厳しいものにした。

④ 衆議とは，集団の成員が協議して意思を決定することであり，こうした方式は惣村の団結
　を強めるうえで大きな役割を果たした。

35　中世の絵画

A

B

C   **D**

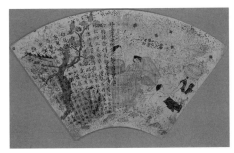   

問1．中世の絵画に関する次の文章を読み，{a・b}のうち正しいほうを選べ。

　院政期には，絵と詞書を交互に織り交ぜて場面を(1){a.右から左　b.左から右}に展開させる
絵巻物が描かれるようになった。平安末期に成立した絵巻物では，(2){a.承和の変　b.応天門
の変}をテーマとした「伴大納言絵巻」や，朝護孫子寺に伝わる(3){a.「信貴山縁起絵巻」　b.「源
氏物語絵巻」}などが知られている。

　鎌倉時代になると，実際の人物を写実的に大和絵で描写した(4){a.似絵　b.濃絵}が描かれる
ようになり，(5){a.藤原隆信・信実　b.狩野正信・元信}父子が多くの傑作を描いた。また禅宗
の高僧の肖像画である(6){a.頂相　b.蒔絵}は礼拝などに用いられた。

　鎌倉時代に成立した絵巻物では，菅原道真の生涯を描いた(7){a.「春日権現験記」　b.「北野天
神縁起絵巻」}や，時宗の祖の生涯を描いた(8){a.「一遍上人絵伝」　b.「法然上人絵伝」}などがあ
る。

　室町時代になると絵画も禅宗の影響を受け，水墨画が発達した。画僧では南北朝時代に黙庵や
可翁が活躍したが，北山文化の時代になると「瓢鮎図」を制作した(9){a.如拙　b.明兆}らが水
墨画の基礎を確立し，東山文化の時代には(10){a.雪村　b.雪舟}が出て「秋冬山水図」などを描
いて水墨山水画を大成した。

問2．中世の絵画A～Dについて，古いものから年代順に正しく配列したものを，次の①～⑧の
　　うちから一つ選べ。

①　A—C—D—B　　　②　A—D—C—B　　　③　B—D—A—C

④　B—A—D—C　　　⑤　C—D—A—B　　　⑥　C—B—A—D

⑦　D—A—B—C　　　⑧　D—A—C—B

第3章　近　世

36　城下町の特徴

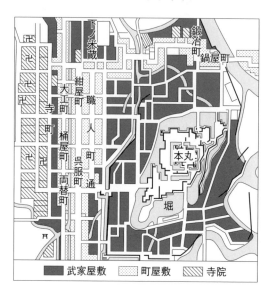

問1．上の図版に関する次の文章を読み，｛a・b｝のうち正しいほうを選べ。

　この絵は，親藩松平氏の城下町である高田の町の構造を模式的に表したものである。一般に，近世の城郭は機動力に富む(1)｛a.山城　b.平城｝が多く，城郭の周りには武家屋敷が集まる武家地が配され，その外側には職人や商人が住む町屋敷を中心に町人地が設けられていた。また寺社は鬼門封じのために町の(2)｛a.北東部　b.南東部｝に配置したり，軍事的な要所に置かれることが多かった。それは寺社の敷地は広いので，布陣しやすく，いつでも軍事的な砦になり得たからである。このように城下町には都市防衛の工夫がいくつも施され，軍事的防衛機能が十分に整った造りになっていた。

　武家地と町人地の境界や町人地と町人地の境界などには(3)｛a.木戸　b.関所｝が設けられて番人も置かれた。(3)は明け六つ（今の午前6時ころ）から暮れ六つ（今の午後6時ころ）まで開かれ，それ以外の時間は閉じられたので，夜間においては相互の通り抜けができなくなるなど，人々の通行はかなり制限された。また城下町の道路は，軍事上な配慮から(4)｛a.折れ曲がっているb.弧を描いている｝ところが多かった。

　高田の場合は本丸・二の丸・三の丸の周囲に(5)｛a.土居　b.石塁｝が廻らされ，さらにその外側は(6)｛a.堀　b.塀｝で囲まれていた。その城郭を中心に，近辺に(7)｛a.武家町　b.商人町｝，その西側には碁盤の目状の道路を特徴とする(8)｛a.商人町　b.武家町｝，さらに外郭の西側には寺町が築かれた。

武家地の中でも，身分の⑼{a.低い　b.高い}家臣ほど，屋敷は城に近いところに構えていた。町人地では呉服町・紺屋町・大工町・両替町のように，商工業者たちは職種別に移住させられた。商人町は概して間口が⑽{a.広く　b.狭く}，奥行きを長くもたせた構造になっている。間口が⑽のようになっていたのは，税は間口に対して課されていたからである。

問2．近世の城下町について述べた文として誤っているものを，次の①〜④のうちから一つ選べ。

①　城下町では，軍事上の目的などから，屈曲した道路が多かった。
②　城下町では，城を中心に，侍屋敷と町屋敷および寺が計画的に配置されている場合が多かった。
③　町屋敷の区域には，主に商人と職人が住んでおり，同業者が集まって一つの町をかたちづくることが多かった。
④　町屋敷区域の行政は，町役人などを置かず，町奉行が直接行うことが多かった。

37　徳川氏の系図

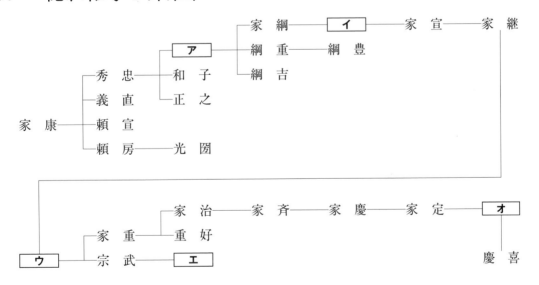

問1．上の系図に関する次の文章を読み，{a・b}のうち正しいほうを選べ。

　徳川家康は1603年，⑴{a.後陽成天皇　b.後水尾天皇}から征夷大将軍に任命され，江戸に幕府を開いた。その後，家康は徳川氏が将軍職を世襲することを示すために，1605年にその地位を子の秀忠に譲って⑵{a.岡崎　b.駿府}に移り，大御所として政治全体を統括した。
　秀忠の時代には，城を無断で修築したとして広島城主福島正則が⑶{a.減封　b.改易}に処さ

れたほか，キリスト教禁止政策を受けて1622年，長崎で宣教師・信者が処刑された(4)｛a．元和の大殉教　b．26聖人殉教事件｝が起こった。

　　ア　が将軍の時に，1635年に武家諸法度が改定され，(5)｛a．参勤交代が制度化された　b．末期養子の禁止が緩和された｝ほか，500石積以上の大船の建造が禁止された。

　4代将軍家綱のころから，制度や法令などを重視する(6)｛a．文治政治　b．武断政治｝が行われるようになり，地方でも岡山藩の(7)｛a．前田綱紀　b．池田光政｝のような好学の大名が現れた。

　　イ　が将軍の時にはじめて貨幣改鋳が行われて(8)｛a．慶長小判　b．元禄小判｝が鋳造されたが，貨幣価値が下落したため物価が(9)｛a．低落　b．急騰｝し，経済界は混乱した。

　家宣・家継の時代には朱子学者の(10)｛a．林羅山　b．新井白石｝がいわゆる正徳の政治を進め，その一環として朝鮮から来日した(11)｛a．通信使　b．慶賀使｝の待遇の簡素化を図ったほか，1715年には海舶互市新例を発して金銀の海外流出を抑えた。

　紀伊藩主から8代将軍となった　ウ　は1716年から(12)｛a．享保の改革　b．天保の改革｝を進め，倹約令で支出を抑える一方，(13)｛a．検見法　b．定免法｝を取り入れて年貢の増徴を図った。またその孫の　エ　は寛政の改革の一環として1790年に(14)｛a．旧里帰農令　b．人返しの法｝を出して農村の復興を図った。

　10代将軍家治の時代には老中(15)｛a．水野忠邦　b．田沼意次｝が実権を握り，重商主義的な政策を展開したが，家治の死去とともに勢力を失って失脚した。

　11代家斉は大御所として権勢をふるったが，質素倹約をめざす　エ　との関係は悪化した。12代家慶の時には(16)｛a．アメリカ大統領　b．オランダ国王｝による開国勧告を受け，13代家定の時，幕府は米英露蘭4か国と(17)｛a．和親条約　b．修好通商条約｝を結んで開国した。14代将軍　オ　の時には大老井伊直弼が水戸・薩摩浪士らによって暗殺される(18)｛a．桜田門外の変　b．坂下門外の変｝が起こり，一方ではヒュースケン暗殺や東禅寺事件など，はげしい攘夷運動も起こった。

　15代将軍慶喜はフランス公使(19)｛a．ロッシュ　b．パークス｝の意見に従い，人材登用などを通して幕政改革を実施し，1867年には大政奉還を上表したが，討幕派は明治天皇を戴いて王政復古の大号令を発して新政権を樹立し，幕府・摂政・関白などの旧官職を廃止して，天皇のもとに総裁・議定・(20)｛a．参議　b．参与｝の三職を設置した。

　2018年8月には　オ　と慶喜が用いた(21)｛a．銀印　b．銅印｝が徳川宗家の蔵の中から発見された。

問2．江戸幕府の将軍徳川氏について述べた文として正しいものを，次の①〜④のうちから一つ選べ。

　①　徳川家光の時に，幕藩体制の基礎が完成し，文治政治が行われることとなった。
　②　徳川綱吉は，勘定吟味役の荻原重秀の建議を採用して，正徳金銀を鋳造した。

③　徳川家康の孫にあたる徳川吉宗は，1716年から享保の改革に着手した。

④　徳川慶喜は一橋家を継ぎ，1862年の文久の改革において将軍後見職となった。

38　江戸幕府の職制

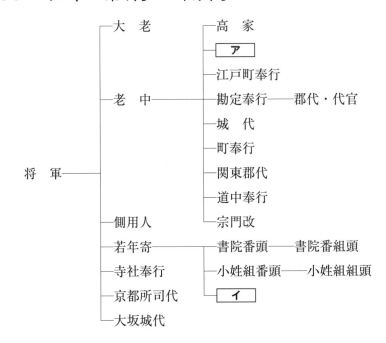

問1．上の職制図に関する次の文章を読み，{a・b}のうち正しいほうを選べ。

　江戸幕府の職制は，徳川家康の三河の家政機関を必要に応じて改組・拡大したもので，「庄屋仕立て」と呼ばれる。当初は大老・老中などの職もなく，単に家老・年寄などと呼ばれていたが，上図のように将軍を頂点としたピラミッド型の支配機構が確立するのは将軍(1){a．徳川秀忠　b．徳川家光}のころである。

　将軍直属の幕府の要職は(2){a．外様大名　b．譜代大名}から選任され，老中直属の要職は(3){a．旗本　b．御家人}から選任された。政治は月番制と合議制にもとづいて運営されたため，特定の職に権力が集中しにくく，また，平時の体制がそのまま戦時体制に移行できる構造であった。

　幕府の職制において，奉行や郡代・代官など行政関係の役職に就いた人々を(4){a．番方　b．役方}と総称する。幕府の最高司法機関である評定所は，三奉行と老中一名の出席があればいつでも開かれ，内容によっては大目付や京都所司代などが加わることもあった。

　常置の最高職は(5){a．大老　b．老中}で，それを(6){a．若年寄　b．側用人}が補佐した。老中のもとには朝廷や幕府の儀礼を管掌する高家や(7){a．旗本・御家人　b．大名}を監察した ア ，幕府財政を運営した勘定奉行や関東の幕領を支配した関東郡代などが位置していた。また(6)のも

とには将軍を護衛した書院番頭や小姓組番頭や，旗本・御家人を監察した　イ　の(8)⎰a.大目付　b.目付⎱があった。

　寺社奉行・勘定奉行・町奉行の三奉行の中で，最高の格式をもったのは(9)⎰a.勘定奉行　b.寺社奉行⎱であった。

　幕末には1862年，⑽⎰a.安政の改革　b.文久の改革⎱の一環として政事総裁職や将軍後見職が設置された。また，京都の治安維持のために京都所司代の⑾⎰a.上　b.下⎱に京都守護職が新設され，⑿⎰a.松平慶永　b.松平容保⎱が任命された。

問2．江戸幕府の職制について述べた文として正しいものを，次のうちから3つ選べ。

① 大老は，将軍を補佐する最高職であるが，常置の役職ではなかった。
② 大老は，京都の近くに領地をもつ外様大名の中から選任された。
③ 老中は，親藩の藩主によって構成され，幕政全体を統括した。
④ 老中は，月番交代で政務にあたり，重要な政策は合議によって決定した。
⑤ 若年寄は，若年の旗本が務める役職で，ある年齢になると老中に昇任した。
⑥ 若年寄は，将軍家斉が新設した役職で，旗本の監察を主な任務とした。
⑦ 大目付は，民衆の生活を監視する職で，外様大名から選任された。
⑧ 京都所司代は，朝廷・西国大名などを監督し，譜代大名から選任された。
⑨ 寺社奉行・勘定奉行・遠国奉行を三奉行と総称した。

39　江戸時代の農具

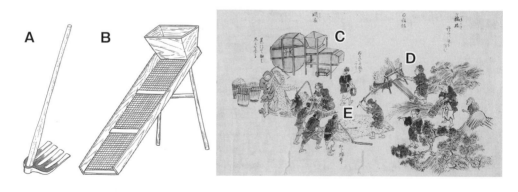

問1．上の図版A〜Eに関する次の文章を読み，⎰a・b⎱のうち正しいほうを選べ。

　江戸時代には新田開発による耕地面積の増大，農具や肥料の改良・普及，農学の発達などによって農業生産力は著しく向上した。Aは耕作具の(1)⎰a.風呂鍬　b.備中鍬⎱，Bは穀粒の選別を

する(2)｛a.千石箕　b.千歯扱｝，**C**は風力を用いて籾殻や塵芥を箱の外に飛ばす(3)｛a.唐箕　b.くるり｝，**D**は脱穀具で「後家倒し」とも呼ばれた(4)｛a.千石箕　b.千歯扱｝，**E**は穀類・豆類の脱穀に用いた(5)｛a.唐（殻）竿　b.扱箸｝である。

問2．次の文章の空欄▢▢▢▢▢に入れるのに適切な短文を，短文群から一つ選べ。

　江戸時代前期には，農業生産が大きく発展した。その原因としてはさまざまな要素が考えられるが，なかでも▢▢▢▢▢に代表される農業技術の進歩によるところが大きい。

① 　刈敷・草木灰などの肥料の使用，牛馬耕や麦を裏作とする二毛作の開始
② 　木綿・菜種・甘藷・朝鮮人参など商品作物の栽培技術の発達，大豆かすなどの金肥の使用
③ 　金肥の使用，備中鍬・千歯扱・千石箕・踏車など各種農具や灌漑用具の発明・改良
④ 　田植えの普及，千歯扱の開発による根刈りの普及，備中鍬など各種農具の発明・改良

40　儒学者と心学者の系譜

⑴　朱子学

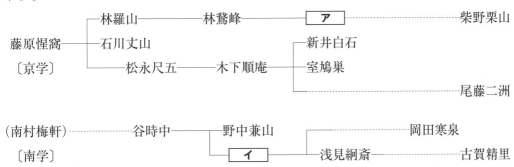

問1．上の系図に関する次の文章を読み，｛a・b｝のうち正しいほうを選べ。

　朱子学は11世紀に南宋の朱熹によって大成された儒学の一派で，日本には鎌倉時代に禅僧によって伝えられ，室町時代にかけてはおもに五山の禅僧によって講究された。
　朱子学は身分秩序と大義名分を重視する学問だったため，幕府や藩にとっては幕藩体制と封建教学を維持するうえでも好都合な学問であった。
　相国寺の僧藤原惺窩は，朝鮮の儒者(1)｛a.姜沆　b.宋希璟｝らと交流して朱子学を究め，日本朱子学の祖となった。その門人の林羅山は上野忍ヶ岡に私塾弘文館を設けたほか，家康から(2)｛a.徳川家光　b.徳川家綱｝まで将軍の侍講をつとめ，幕府政治を支えた。

林羅山は子の鵞峰とともに編年体の歴史書として(3){a.『資治通鑑』　b.『本朝通鑑』}を編纂し，その子の　ア　は，(4){a.徳川綱吉　b.徳川吉宗}の時にはじめて大学頭となり，幕府の文教政策を推進した。

松永尺五（せきご）に師事した木下順庵は加賀藩主の(5){a.前田利長　b.前田綱紀}に招かれて学問の振興につとめた。(5)に仕え，藩命に従って順庵に師事した室鳩巣は『六諭衍義大意（りくゆえんぎたいい）』を著した。また順庵に師事した新井白石は(6){a.徳川家宣　b.徳川家重}の侍講となり，やがて幕閣に入って正徳の政治を推進した。代表的著書に(7){a.『西洋事情』　b.『西洋紀聞』}などがある。

一方，南村梅軒の系譜から，江戸時代に谷時中が出て南学を確立した。谷時中の門人でかつて会津藩主の保科正之に朱子学を教えた　イ　は，神儒融合の立場から(8){a.垂加神道　b.復古神道}を提唱した。

江戸時代後期になると，柴野栗山・尾藤二洲・岡田寒泉(のち古賀精里)は，幕府直轄の学問所である(9){a.聖堂学問所　b.昌平坂学問所}の教官として朱子学の振興につとめ(10){a.寛政の三奇人　b.寛政の三博士}と呼ばれた。

問2．江戸時代の儒者と対外関係について述べた次の文Ⅰ～Ⅲについて，古いものから年代順に正しく配列したものを，下の①～⑥のうちから一つ選べ。

Ⅰ　水戸藩の会沢安(正志斎)が『新論』を書き，尊王攘夷運動に影響を与えた。
Ⅱ　木下順庵の門下である雨森芳洲が，対馬藩で対朝鮮外交に尽力した。
Ⅲ　幕府に登用された林羅山が，外交文書を起草した。

①　Ⅰ―Ⅱ―Ⅲ　　　②　Ⅰ―Ⅲ―Ⅱ　　　③　Ⅱ―Ⅰ―Ⅲ
④　Ⅱ―Ⅲ―Ⅰ　　　⑤　Ⅲ―Ⅰ―Ⅱ　　　⑥　Ⅲ―Ⅱ―Ⅰ

(2)　陽明学

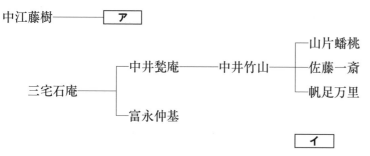

問1．上の系図に関する次の文章を読み，{a・b}のうち正しいほうを選べ。

朱子学が形式に流れたのに対し，(1){a.明　b.清}の王陽明は儒学の一派として陽明学を創始した。陽明学の特徴は，(2){a.理気二元論　b.知行合一}や致良知などを説き，実戦を重視したことにある。

　日本における陽明学の祖は中江藤樹で，郷里に私塾藤樹書院を開いて学問と教育に励み，「近江聖人」と呼ばれた。その門人で　ア　の(3){a.山鹿素行　b.熊沢蕃山}は，岡山藩主(4){a.池田光政　b.徳川光圀}に仕えて学問の振興につとめたが，のちに(5){a.『武家事紀』　b.『大学或問』}を著して幕政を批判したため(6){a.上総　b.下総}の古河に幽閉された。

　三宅石庵は大坂町人の出資で開かれた(7){a.懐徳堂　b.適塾}の初代学主で，その地位は中井甃庵（しゅうあん）や中井竹山（ちくざん）らに受け継がれた。三宅石庵は当初は朱子学の浅見絅斎に師事していたため，(7)では朱子学・陽明学などが町人に授けられた。

　(7)出身の富永仲基は，『出定後語（しゅつじょうごご）』を著して既成の仏教権威を否定した。また同じ(7)の出身の山片蟠桃は，天文・地理など諸方面にわたって合理主義的精神を発揮し，(8){a.『誠の道』　b.『夢の代』}を著して無神論や地動説などを説いた。

　大坂町奉行所元与力の　イ　は，家塾(9){a.洗心洞　b.咸宜園（けいさい）}で陽明学を教授した。しかし(10){a.天明の飢饉　b.天保の飢饉}における幕府の措置に憤慨し，1837年に「救民」の旗を立てて蜂起したが，半日で鎮圧された。

問2. 大塩平八郎は1837年，役人の腐敗や富商の暴利を糾弾するために同士とともに乱を起こした。大塩平八郎およびその乱に関して述べた文として正しいものを，次の①〜④のうちから一つ選べ。

① 大塩平八郎は知行合一を説き，大坂町人の学問所となった懐徳堂の創設にも尽力した。

② 幕府の下級役人であった大塩平八郎は，平田篤胤とも交遊のあった国学者である。

③ 大塩平八郎は，飢饉や株仲間の解散で混乱した大坂町人や近郊農村の農民の不平を黙視できずに挙兵に踏み切った。

④ 大塩の乱の影響は各方面にもおよび，越後でも国学者の生田万が乱を起こした。

(3) 古　学

　　　　　　＜聖学＞　山鹿素行

　　　　　　＜堀川学派＞　　伊藤仁斎――――伊藤東涯

　　　　　　　＜古文辞学派＞　　荻生徂徠―――太宰春台

問1. 上の系図に関する次の文章を読み，{a・b}のうち正しいほうを選べ。

古学は朱子学や陽明学の思想を排し，直接孔子・孟子の原点に立ち返って真の精神をとらえようとした和製の儒学である。

聖学を唱えた山鹿素行は(1){a.『聖教要録』　b.『中朝事実』}を著して朱子学を批判したため，赤穂に配流となった。

伊藤仁斎を中心とする古学の一派は京都堀川に私塾(2){a.古義堂　b.稽古堂}を開いたことから堀川学派とも呼ばれる。

荻生徂徠は，先王の道は『論語』や『孟子』以前の「六経」（易・詩・書・春秋・礼・楽の6つの経書）の中においてのみ見い出せるとし，古典を解読するうえで最も大事なのは古文辞による理解であるとした。徂徠は江戸の茅場町に私塾(3){a.咸宜園　b.護園塾}を開設したほか，徳川吉宗の諮問に対し，政治改革案として(4){a.『政談』　b.『弁道』}を著して武士土着論などを展開した。

その門人の太宰春台は，経世済民に関する書として(5){a.『経済要録』　b.『経済録』}を著し，武士も商業活動を行うべきと主張した。これは「経済」という用語を書名に冠した最初の書物としても，歴史的に大きな意義をもつものである。

問2. 古文辞学派の荻生徂徠は『政談』において次のように述べている。この史料から読み取れる荻生徂徠の社会・政治観を述べた下の文**X・Y・Z**について，その正誤の組合せとして正しいものを，あとの①〜④のうちから一つ選べ。

当時(注1)は旅宿の境界(注2)なるゆえ，金無てはならぬゆえ，米を売て金にして，商人より物を買て日々を送ることなれば，商人，主となりて，武家は客也。ゆえに諸色の直段(注3)，武家の心ままにならぬ事也。

武家皆知行処に住するときは，米を売らずに事すむゆえ，商人米をほしがる事なれば，武家，主となりて，商人，客也。されば諸色の直段は武家の心ままになる事なり。…

武家と百姓とは田地より外の渡世(注4)は無て，常住(注5)の者なれば，唯武家と百姓の常住に宜き様にするを治の根本とすべし。…商人の潰るる事をば，嘗て(注6)構うまじき也。

(注1)当時：現在　　(注2)旅宿の境界：旅行中のような不安定な状態
(注3)諸色の直段：諸商品の価格　　(注4)渡世：暮らしていくためのよりどころ
(注5)常住：変わらずに存在し続けること　　(注6)嘗て：全然，少しも

X 武士が年貢米を売却して商品を購入している現状では，商人に依存せざるを得ない。

Y 武士が知行地に土着すれば，商人に対して優位に立てる。

Z 武士の存続が政治の根本であり，百姓・商人は潰れても構わない。

① **X**—正 **Y**—正 **Z**—誤 ② **X**—正 **Y**—誤 **Z**—正

③ **X**—誤 **Y**—正 **Z**—誤 ④ **X**—誤 **Y**—誤 **Z**—正

⑷ 心 学

　　　　　　石田梅岩―――手島堵庵―――中沢道二

問1．上の系図に関する次の文章を読み，{a・b}のうち正しいほうを選べ。

　心学とは，儒教・仏教・道教・神道などの説を取り入れながら，わかりやすい言葉で町人道徳を説いた学問で，石田梅岩によって創始された。

　梅岩は⑴{a.『都鄙問答』　b.『筑波問答』}を著し，士農工商は階級ではなく職業を示すものだと主張したほか，暴利をむさぼらない限り，商人の商業活動における利潤追求は正当化されるべきと説いた。その私塾を⑵{a.明倫舎　b.心学舎}という。

　梅岩に師事した手島堵庵は，京都に教場を建設して心学の普及につとめた。その弟子中沢道二も各地に心学を広めたほか，江戸の⑶{a.小石川　b.石川島}に設置された人足寄場では講師をつとめた。

問2．心学について述べた文として誤っているものを，次の①～④のうちから一つ選べ。

①　心学は，商人の商業活動を正当なものとして認めた。

②　心学は，儒教道徳に仏教・神道の教えを取り入れてつくられた。

③　心学は，山片蟠桃らによって全国に広められた。

④　心学は，倹約・正直などの徳目を庶民に説いた。

41　蘭学者の系図

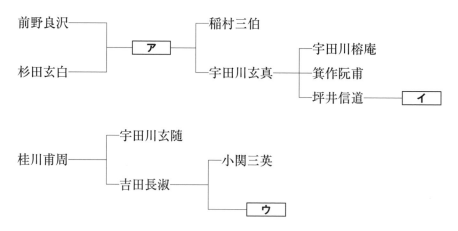

問１．上の系図に関する次の文章を読み，∤a・b∤のうち正しいほうを選べ。

　江戸時代に西洋から移入された学術ははじめ蛮学と称されていたが，18世紀に徳川吉宗が(1)
∤a．享保の改革　　b．寛政の改革∤の一環として漢訳洋書輸入の禁を緩和し，(2)∤a．田中丘隅
b．青木昆陽∤や野呂元丈らにオランダ語を学ばせたのを機に，西洋の学術は蘭学として発達した。
　蘭学は実学としての医学の面でいち早く取り入れられ，前野良沢・杉田玄白・中川淳庵・桂川
甫周らは『ターヘルアナトミア』を翻訳して1774年に(3)∤a．『蔵志』　　b．『解体新書』∤と題した
翻訳解剖書を刊行した。これを機に，蘭学の研究領域は地理学・天文学・本草学・化学・物理学
など多方面に及ぶようになった。
　杉田玄白は『ターヘルアナトミア』を翻訳する際の苦心談を(4)∤a．『蘭学階梯』　　b．『蘭学事始』∤
の中で述べている。
　良沢・玄白の門人の　ア　は，蘭学の入門書として(5)∤a．『蘭学階梯』　　b．『蘭学事始』∤を著し，
江戸に私塾として(6)∤a．芝蘭堂　　b．洗心洞∤を開設し，(7)∤a．太陰暦　　b．太陽暦∤の元旦に新元
会として「オランダ正月」を催すなど，蘭学者の中でも中心的な役割を果たした。その弟子の稲
村三伯は，最初の蘭日辞書として(8)∤a．『ハルマ和解』　　b．『ヅーフハルマ』∤を著した。
　また(9)∤a．宇田川玄真　　b．宇田川玄随∤は，オランダの内科書を翻訳して『西説内科撰要』を
著した。また玄真の養子となった宇田川榕庵は，イギリス人が著した化学書を翻訳して『舎密開
宗』と題して刊行した。
　坪井信道に師事した　イ　は大坂に蘭学塾として(10)∤a．懐徳堂　　b．適塾（適々斎塾）∤を開き，
(11)∤a．福沢諭吉　　b．伊東玄朴∤や大村益次郎らを輩出した。
　吉田長淑に入門し，シーボルトに師事して蘭学を修めた　ウ　は，1837年の(12)∤a．フェートン
号事件　　b．モリソン号事件∤に際し，幕府の措置を『戊戌夢物語』で批判したため，『慎機論』

の著者⑬{a . 渡辺崋山　b . 小関三英}らとともに，1839年に⑭{a . 安政の大獄　b . 蛮社の獄}で処罰された。

　幕府は⑮{a . 高橋景保　b . 高橋至時（よしとき）}の建議で1811年，オランダ語を翻訳するための機関として⑯{a . 和学講談所　b . 蛮書和解御用}を設置した。⑯は1855年に洋学所と改称したのち1856年に蕃書調所となり，箕作阮甫（みつくりげんぽ）らが教授として洋学の研究に従事した。蕃書調所は1862年に洋書調所，1863年に開成所となり，開成学校から大学校に発展し，のちの東京大学の一源流となった。

問２．蘭学や洋学に関して述べた文として誤っているものを，次の①〜④のうちから一つ選べ。

① 新井白石は，シドッチを尋問して得た知識をもとにして，『采覧異言』を著した。
② 志筑忠雄は，天文・物理学の書である『暦象新書』を訳述して，地動説やニュートンの引力説などを紹介した。
③ 幕末期になると，幕府やいくつかの藩は，反射炉や大砲製造所，藩営工場を設立するなど，軍備や工業の洋式化につとめた。
④ 徳川吉宗は，ラクスマンが来航したのを契機に，民間の洋学研究を禁止しようとした。

42　国学者の系図

戸田茂睡
　　契　沖

問１．上の系図に関する次の文章を読み，{a ・ b}のうち正しいほうを選べ。

　国学は日本古代の思想を探究する学問で，江戸中期以降に発達した。『古事記』や『日本書紀』など，日本の古典を通して実証的な研究を進め，儒教や仏教などの外来思想を排斥したことが大きな特徴である。

　すでに江戸時代の中期，契沖は徳川光圀の命で『万葉集』の注釈書である⑴{a .『万葉集注釈』b .『万葉代匠記』}を編纂した。

　18世紀になると，⑴を学んだ京都伏見の神職荷田春満（かだのあずままろ）は，徳川吉宗に『創学校啓』（そうがっこうけい）を献呈して国学の学校建設を建議した。

　荷田春満に師事した遠江浜松の神職の子　ア　は，『万葉集』を研究して注釈書⑵{a .『万葉

考』　b.『国意考』を著した。

　　　ア　に師事した伊勢松坂の医者の　イ　は，『古事記』の注釈書『古事記伝』を著して儒教思想の核心である(3)｛a.漢心（からごころ）　b.真心（まごころ）｝を排撃し，『源氏物語玉小櫛（たまのおぐし）』の中では，人間の心情がものに直面した時に起こす純粋な感動を「もののあはれ」と表現した。

　　　また　ア　に学んだ塙保己一は，和学講談所を設置して国書を分類し，(4)｛a.『群書類従』　b.『類聚国史』｝の編纂を始めた。

　　　イ　の門人であった平田篤胤は，国粋主義・復古主義の立場から(5)｛a.復古神道　b.垂加神道｝を大成し，若狭の小浜藩士伴信友は『比古婆衣（ひこばえ）』や『長等の山風（ながらのやまかぜ）』などを著した。

問2．次の史料は，国学者の本居宣長が著した『秘本玉くしげ』の一節である。この史料から読み取れることについて述べた文として誤っているものを，下の①〜④のうちから一つ選べ。

　　　百姓は，困窮年々につのり，未進（注1）つもりつもりて，ついに家絶え，田地荒るれば，その田地の年貢を村中へ負わする故に，余の百姓もまた堪えがたきようになり，或は困窮にたえかねては，農業をすてて，江戸，大坂，城下々々などへ移りて，商人となる者も次第に多く，子供多ければ，一人はせんかたなく（注2）百姓を立てさすれども，残りはおおく町人の方へ奉公に出して，ついに商人になりなどする程に，いずれの村にても，百姓のかまどは段々にすくなくなりて，田地荒れ郷中次第に衰微す。

（注1）未進：年貢などを滞納すること。
（注2）せんかたなく：仕方なく。

①　各地で，百姓数の減少や耕地の荒廃が進み，村が衰微していった。

②　子供の多い百姓は，そのうち一人を都市に奉公に出し，残った子供たちに土地を分割した。

③　困窮に苦しむ百姓の中には，離村して江戸・大坂や各地の城下町に流入する者も多かった。

④　家が断絶した百姓の年貢は，村中で肩代わりして負担したため，他の百姓も困窮していった。

43 手工業の発達—織屋のようす

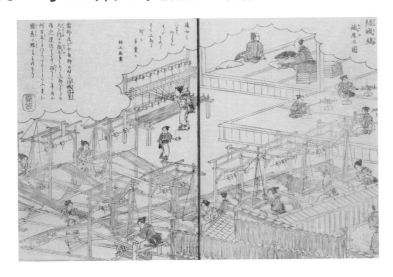

問1. 上の図版に関する次の文章を読み，¦a・b¦のうち正しいほうを選べ。

　江戸時代には各地でさまざまな特産品が生産され，農村手工業の中でも特に絹織物・綿織物などの織物業が著しく発達した。(1)¦a.下総　b.下野¦の結城地方で生産されていた結城紬は，19世紀前期の(2)¦a.文政　b.文禄¦年間には尾張地方にも広まった。

　機織りの道具では，腰掛に座り，上下に足踏みをして機を織る(3)¦a.いざり機　b.高機¦が用いられ，糸運びや糸繰りなどの作業は主に(4)¦a.男性　b.女性¦を中心に，(5)¦a.単独作業　b.分業と協業¦によって行われていたことが読み取れる。このような生産形態を(6)¦a.マニュファクチュア　b.問屋制家内工業¦という。

問2. 江戸時代の絹業について述べた次の文Ⅰ～Ⅳを古いものから年代順に正しく配列したものを，あとの①～④のうちから一つ選べ。

　Ⅰ　幕府の政策が，中国産生糸の輸入から国内産生糸の生産奨励に転じたため，農家に貨幣収入をもたらす養蚕は，各地に普及・拡大した。これらを背景に，北関東の桐生や足利などに新興の機業地が成立した。

　Ⅱ　商人が，副業の農民に対して原料や資金を与えて製品を受け取る問屋制家内工業とは別に，絹織物業では，さまざまな工程を工場内で行うマニュファクチュアが発生した。

　Ⅲ　通商条約が発効し，外国貿易が開始されると，生糸が最大の輸出品となり，養蚕業に従事する農民や商人の多くに思わぬ利益を与えた。一方，絹織物業は原料の不足と高騰に悩まされて大きな打撃を受けた。

Ⅳ　中国産の生糸や絹織物の輸入に依存していたため，これらを舶載するポルトガル商人らに利益を与えることになったので，幕府は特定商人に一括して購入させる糸割符制を定めた。

① Ⅰ—Ⅱ—Ⅲ—Ⅳ　　② Ⅳ—Ⅱ—Ⅰ—Ⅲ
③ Ⅳ—Ⅰ—Ⅱ—Ⅲ　　④ Ⅱ—Ⅰ—Ⅳ—Ⅲ

44　近世の絵画

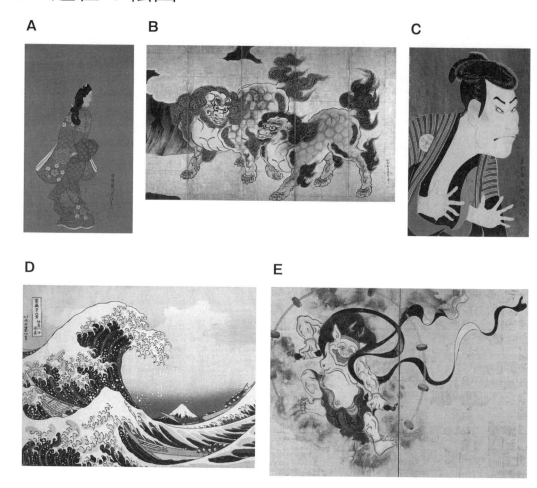

A　**B**　**C**　**D**　**E**

問１.　近世の絵画に関する次の文章を読み，{a・b}のうち正しいほうを選べ。

　安土桃山時代には，城郭内部の襖や壁に(1){a.障壁画　b.水墨画}が描かれ，狩野派の画家が大和絵と水墨画を融合させて装飾画を大成させた。代表作に(2){a.狩野永徳　b.狩野長信}の「洛中洛外図屏風」や(3){a.「唐獅子図屏風」　b.「夕顔棚納涼図屏風」}などがある。また，キリスト教の布教とともに(4){a.日本人画家　b.宣教師}の手による南蛮屏風も盛んに描かれた。

江戸時代初期には狩野派から幕府の御用絵師となった(5){a.狩野芳崖　b.狩野探幽}が出て，「大徳寺方丈襖絵」などを制作した。また京都の町衆から(6){a.本阿弥光悦　b.俵屋宗達}が出てユーモラスな構図で「風神雷神図屛風」を制作した。

　江戸中期になると，(7){a.宮崎友禅　b.菱川師宣}が浮世絵を大成させ，肉筆画として「見返り美人図」などを制作したほか，琳派風の絵画を大成した尾形光琳が(8){a.「燕子花図屛風」b.「洛中洛外図巻」}や「紅白梅図屛風」を制作した。

　18世紀の中頃，鈴木春信がきらびやかな(9){a.濃絵　b.錦絵}を創始し，「五常」などを制作した。寛政期には美人画を得意とし，「ポッピンを吹く女」などを手がけた(10){a.喜多川歌麿 b.亜欧堂田善}や，「三代目大谷鬼次の奴江戸兵衛」など役者絵などを描いた(11){a.円山応挙 b.東洲斎写楽}らが活躍したほか，西洋銅版画を創始した(12){a.司馬江漢　b.住吉具慶}や，文人画を大成した池大雅や(13){a.与謝蕪村　b.小林一茶}も活躍した。また江戸時代後期，19世紀の化政文化期には，(14){a.歌川広重　b.葛飾北斎}が風景版画の代表作として「富嶽三十六景」を制作し，蘭学者の(15){a.高野長英　b.渡辺崋山}は「鷹見泉石像」や「一掃百態」などを制作した。

問2．近世の絵画A〜Eについて，古いものから年代順に正しく配列したものを，次の①〜⑧のうちから一つ選べ。

① A—C—E—B—D　　② A—D—E—C—B　　③ B—E—A—C—D
④ B—A—E—D—C　　⑤ C—B—A—E—D　　⑥ C—B—D—E—A
⑦ D—E—C—B—A　　⑧ D—A—C—E—B

第4章　近現代

45　開港・貿易開始後の輸出入品と経済動向

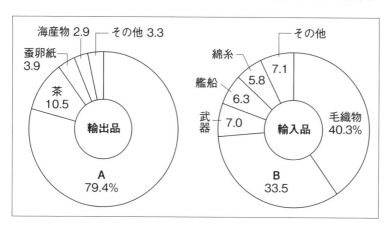

問1. 上のグラフに関する次の文章を読み，{a・b}のうち正しいほうを選べ。

　　1858年にアメリカ・イギリス・フランス・ロシア・(1){a.ドイツ　b.オランダ}と結んだいわゆる安政の五カ国条約にもとづいて，1859年から横浜・長崎と(2){a.箱館　b.神戸}の3港で貿易が始まった。貿易は自由貿易で開港場には居留地が設けられ，一般外国人の国内旅行は禁止された。最大の貿易港は(3){a.横浜　b.長崎}で，取引相手国では(4){a.フランス　b.イギリス}が首位に立った。最もはやく日本の開国に成功したアメリカは，(5){a.南北戦争　b.アメリカ独立戦争}の影響で貿易は不振であった。

　　グラフは1865年当時の輸出入品目を示したものである。これによれば，輸出品では**A**の(6){a.綿糸　b.生糸}が全体の約8割弱を占め，輸入品では**B**の(7){a.綿織物　b.絹織物}と毛織物が全体の7割強を占めた。

　　輸出品に茶が含まれているのは，当時(8){a.アメリカ　b.オランダ}で一時的に緑茶ブームが起こっていたためで，蚕卵紙が含まれているのは，当時(9){a.オセアニア　b.ヨーロッパ}で蚕の病気が蔓延していたために需要があったものと考えられる。

　　取引において，1860年代半ば過ぎまでは(10){a.輸出が輸入を　b.輸入が輸出を}上回っていた。

問2. 幕末における貿易開始後の，日本の経済的変化について述べた文として誤っているものを，次の①〜④のうちから一つ選べ。

　①　生産地の商人が，横浜の外国商人と直接取引をするようになったため，江戸の経済上の特

権的な地位が崩れた。

② 日本の金の銀に対する比価が，欧米のそれより低かったため，大量の金貨が国外に流出した。

③ 生糸などの輸出の増大に生産が追いつかず，品不足になったために価格が高騰した。

④ 安価な毛織物・綿織物が大量に輸入されて，物価を引き下げる役割を果たしたため，民衆は貿易を歓迎した。

46　北方探検・日露間の国境

問1．上の地図に関する次の文章を読み，{a・b}のうち正しいほうを選べ。

　江戸時代の鎖国政策下において，最初に日本との通商関係の樹立を目指したのは(1){a．アメリカ　b．ロシア}で，その国の船が1778年に(2){a．厚岸　b．根室}に来航した。田沼意次は仙台藩医(3){a．大槻玄沢　b．工藤平助}が著した(4){a．『華夷通商考』　b．『赤蝦夷風説考』}の意見を取り入れ，(5){a．最上徳内　b．間宮林蔵}らを調査隊として(6){a．俵物　b．蔵物}の産地である蝦夷地に派遣した。1798年に幕臣の近藤重蔵は(7){a．東蝦夷地　b．西蝦夷地}を探査し，**B**の(8){a．国後島　b．択捉島}に標柱を立てた。幕府は1807年に(9){a．東蝦夷地　b．西蝦夷地}も直轄化し，全蝦夷地を(10){a．箱館奉行　b．松前奉行}の支配下に置いた。1808年には幕命を受けた間宮林蔵が(11){a．**C**　b．**D**}を探査し，その地が島であることを確認した。

　この間，1792年にロシアの使節(12){a．レザノフ　b．ラクスマン}が(13){a．室蘭　b．根室}に来

航し，漂流民の⒁{a．大黒屋光太夫　b．高田屋嘉兵衛}を送還しがてら，日本との通商を求めた。ロシアはその後1853年に使節⒂{a．プチャーチン　b．ゴローウニン}が長崎に来航し，翌年⒃{a．浦賀　b．下田}に来航して日露和親条約を締結した。

　日露和親条約では，下田・箱館のほかに⒄{a．長崎　b．横浜}が開港地となったほか，日露間の国境は⒅{a．**A**と**B**　b．**B**と**C**}の間となり，**D**は両国人雑居の地と定められた。1875年には日露間で新たな条約が結ばれ，**D**はロシア領，⒆{a．占守島　b．新知島}以南の千島全部が日本領となった。**D**は1905年のポーツマス条約で，北緯⒇{a．38度　b．50度}以南を日本が領有することが認められたが，1945年のソ連による占領を経て，1951年のサンフランシスコ平和条約によって日本は正式に**D**を放棄することとなった。

問2． 北方事情に関して述べた次の文**X・Y**と，下の地図中に示した場所a〜dとの組合せとして正しいものを，下の①〜④のうちから一つ選べ。

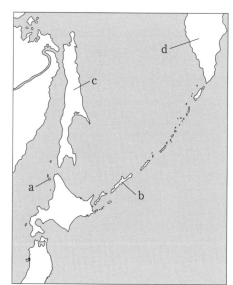

　X　近藤重蔵が，この地に「大日本恵登呂府」と記した木柱を立てた。
　Y　日露和親条約で，この地は従来どおり両国人が雑居する地域とされた。

①　**X**—a　　**Y**—c
②　**X**—a　　**Y**—d
③　**X**—b　　**Y**—c
④　**X**—b　　**Y**—d

47 さまざまな風刺画

(1) 古代末期〜中世初期の世相

問1. 上の図版に関する次の文章を読み，{a・b}のうち正しいほうを選べ。

　この絵は日本最初の漫画とも評される「鳥獣戯画」の一部で，京都栂尾の(1){a. 高台寺　b. 高山寺}に蔵される絵巻物である。絵巻物とは，絵と(2){a. 詞書　b. 祝詞}を交互に書いて時の流れを(3){a. 右から左へ　b. 左から右へ}と移す形で描いたものである。制作時期は平安時代末期から鎌倉時代初期にかけてと考えられているが，作者は(4){a. 僧正遍昭　b. 鳥羽僧正}覚猷と伝えられているものの，確証がないため定かではない。

　「鳥獣戯画」は4巻に分かれ，登場する多くの動物はストーリー性をもって擬人的に描かれているのが特徴である。内容的には当時の政治や仏教のあり方を風刺したものと考えられている。

　この場面では，サルの僧正が本尊に見立てたカエルに向かって読経し，その後ろには小僧に扮した(5){a. ウサギとキツネ　b. ネコとネズミ}がサル僧正の読経に合わせて経文を読んでいる。その上部にはネコと扇を口の前に当てた悲しそうな顔のキツネが見え，その左隣には泣いて涙を拭っているサルが描かれている。おそらく故人の縁者に見立てたものであろう。

　古代末期から中世初期にかけて，政治が(6){a. 院政の開始と平氏政権　b. 摂関政治の全盛と院政}，さらに源平の争乱を経て鎌倉幕府の成立へと向かう中で，公家から武家の世に大きく時代が転換し，仏教界でも鎮護国家の崇高な思想が衰退し，僧兵による(7){a. 強訴　b. 愁訴}が進むなど，北嶺と呼ばれた(8){a. 延暦寺　b. 興福寺}の周辺にも大きな変転が訪れていた時代だったので，上部のネコ・キツネ・サルの悲しそうな表情は，そうした時代の転換を嘆いている姿を描いたものとも考えられる。

　またこの読経の場面だけに限定すれば，単に仏教界の堕落を皮肉ったものとも捉えられるが，見方を変えれば，僧正に扮したサルを勢力争いに敗れた(9){a. 平氏　b. 源氏}，崇拝の対象となっているカエルを武家政権をつくり上げた(10){a. 平氏　b. 源氏}に見立てることもできるし，カエルを熱病で亡くなった平清盛に見立て，それをサルに扮した源頼朝が読経して弔っている姿と

見ることもできる。

問2．次の史料は平安時代末期に成立した文芸作品に収められたものである。これに関連して述べた文として正しいものを，下の①〜④のうちから一つ選べ。

> 遊びをせんとや生まれけん　戯（たわむ）れせんとやうまれけん
> 遊ぶ子供の声聞けば　我が身さへこそ動（ゆる）がるれ

① この歌のような七五調の歌など，当時の都を中心として民衆の間で流行した歌を風流という。

② この歌のように，当時民衆の間で流行した歌を今様というが，今様とは，当世風，現代風という意味である。

③ この歌の作者は遊女ともいわれるが，当時，庶民と上皇との間には交流はなく，この歌も実は庶民に仮託した撰者自身の作である。

④ この歌の作者は，武家の政権をくつがえそうとして配流された上皇で，自由のない我が身を嘆いて詠んだ歌である。

⑵　自由民権運動と立憲国家の確立

A

B

問1．上の図版**A・B**に関する次の文章を読み，{a・b}のうち正しいほうを選べ。

　自由民権運動は1874年の民撰議院設立建白書の⑴{a．左院　b．右院}提出を機に始まり，1877年の⑵{a．佐賀の乱　b．西南戦争}を機に本格的な進展を見た。この間，政府は1875年の⑶{a．国会期成同盟　b．愛国社}の結成を機に⑷{a．漸次立憲政体樹立の詔　b．国会開設の勅諭}を出す一方，立法諮問機関として⑸{a．元老院　b．大審院}や地方官会議などを設置した。また民権

運動の高まりに対しては1875年に讒謗律と(6){a.新聞紙法　b.新聞紙条例}を制定して取り締まりを強化した。1880年に国会期成同盟が結成されると政府は(7){a.集会条例　b.公安条例}を制定してこれを取り締まり，1886年から起こった(8){a.大同団結運動　b.三大事件建白運動}に対しては(9){a.出版条例　b.保安条例}を出して弾圧した。(9)を発布した直後に(6)を緩和したが，民権運動に対する政府の基本的な方針に変わりはなかった。

　図**A**は，民権論の立場に立つ新聞記者などを(10){a.トバエ　b.絵入りロンドンニューズ}を手にした警察官が厳しく取り締まっているようすを描いたもので，窓から顔をのぞかせて眺めているのは，この絵の作者であるフランス人の(11){a.ビゴー　b.ワーグマン}と考えられる。

　こうした民権運動に対して，政府も独自に立憲体制の確立を画策していた。明治十四年の政変後，1882年にヨーロッパに渡った伊藤博文は，ベルリン大学の(12){a.ロエスレル　b.グナイスト}やウィーン大学の(13){a.シュタイン　b.モッセ}らから君主権の強い(14){a.ドイツ　b.フランス}流の憲法理論を学び，1883年に帰国した。そして1886年から伊藤博文・金子堅太郎・(15){a.井上馨　b.井上毅}・伊東巳代治らが憲法草案の起草にあたり，1888年に設置された(16){a.企画院　b.枢密院}で審議されたのち，1889年に欽定憲法として大日本帝国憲法が(17){a.伊藤博文内閣　b.黒田清隆内閣}のもとに授付された。

　図**B**の額の中に描かれた人物は(14)国を統治した(18){a.ナポレオン　b.ビスマルク}で，(14)国の憲法を範として草案を作成した伊藤博文がその前にひざまずいて(19){a.盂蘭盆　b.新年}の挨拶をしているところを風刺したものである。その時期が(19)のころであることは，額の前に供えられた(20){a.仏具　b.鏡餅}からもわかる。右側には「御利益をもちまして，病気もせず暗殺にも遭わず，…お見捨てなく相変わらずお引き立て賜りますよう」といった内容が記され，最後に「南無妙法蓮陀仏アーメン」と仏教の題目・念仏の一部とキリスト教などで唱える文言を合わせたような可笑しみのある祈りの言葉をささげている。

問２．次の史料Ⅰ～Ⅲは，いずれも大日本帝国憲法に掲げられている立法権の規定についての解釈である。Ⅰは大日本帝国憲法の起草者たちによる見解であり，ⅡとⅢはそれぞれ立場の異なる２つの学説にもとづいたものである。史料Ⅰ～Ⅲのすべてに共通している見解として正しいものを，下の①～④のうちから一つ選べ。

> **Ⅰ**　恭(つつしみ)テ按(あん)ズルニ立法ハ天皇ノ大権ニ属シ而(しこう)シテ之(これ)ヲ行フハ必(かならず)議会ノ協賛ニ依ル。天皇ハ内閣ヲシテ起草セシメ或(あるい)ハ議会ノ提案ニ依リ両院ノ同意ヲ経ルノ後，之ヲ裁可シテ始メテ法律ヲ成ス。故ニ至尊(天皇のこと)ハ独(ひとり)行政ノ中極タルノミナラズ，又立法ノ淵源タリ。
>
> **Ⅱ**　法律，予算，租税の賦課其の他の事に付いては必ず議会の同意を要すといふこと，司法

①　法律が成り立つ過程においては，帝国議会の働きが加わらなければならない。

②　天皇は，帝国議会が可決した法律案を必ず裁可しなければならない。

③　天皇が法律を制定するにあたっては，帝国議会による法律案の審議を必ずしも必要としない。

④　帝国議会は，理論的には，天皇の行為をともなわないで法律を制定することができる。

⑶　条約改正の経緯

A　　　　　　　　　　　　**B**

問１．上の図版**A・B**に関する次の文章を読み，{a・b}のうち正しいほうを選べ。

　明治政府は幕末に結んだ不平等条約の改正に向け，条約改正に関する予備交渉と欧米の制度・文物の視察のために1871年に⑴{a.岩倉具視　b.三条実美}を大使とする使節団を欧米に派遣したが，アメリカとの交渉は結実せず，内治の要を痛感して帰国した。

　留守政府を預かっていた⑵{a.福沢諭吉や山県有朋　b.西郷隆盛や板垣退助}らは征韓論を主張したが，それが否決されると征韓派の参議は一斉に下野した。この⑶{a.明治六年の政変　b.明治十四年の政変}を機に，⑷{a.伊藤博文　b.大久保利通}が政権を主導する体制が築かれた。

その後，外務卿の(5){a.寺島宗則　b.寺内正毅}は1878年に(6){a.法権　b.税権}回復を主眼に交渉を進めたが，(7){a.アメリカ　b.フランス}は賛成したものの(8){a.イタリア・オランダ　b.イギリス・ドイツ}の反対により失敗した。はじめ外務卿，のち外相となった(9){a.井上毅　b.井上馨}は法権・税権の一部回復を主眼に交渉を進めたが，内地雑居や外国人判事の採用などを条件としたため，極端な欧化主義政策に対する反感と相まって，農商務相の谷干城やフランス人法学者(10){a.モッセ　b.ボアソナード}ら政府内外からの反対の声が強まって交渉は失敗した。

　図Aは鹿鳴館での舞踏会に出席するために洋装した日本人が鏡を見ると，映った顔が猿になっていることから，当時の欧化政策をただの猿まねに過ぎないと風刺したものである。また(9)が改正交渉を進めているさなか，1886年にイギリスの貨物船(11){a.ディアナ号　b.ノルマントン号}が紀州沖で遭難した。その際，イギリス人は全員ボートで脱出したが，日本人乗客23人は全員水死した。その後，イギリス領事による海事審判においてイギリス側に有利な判決が下りたことから，日本側は領事裁判権撤廃の必要性を痛感させられる結果となった。図Bはそれを風刺した絵で，いまにも溺死しそうな日本人と助かったイギリス人を対照的に描いている。ボートに掲げられた旗は，昔イギリスで用いられていた軍艦旗である。

　(9)のあとを継いだ外相(12){a.青木周蔵　b.大隈重信}は各国と個別に交渉を進めたが，大審院への外国人判事の任用を認めていたことが発覚すると，政府内外から反対論が起こり，(12)が(13){a.猶存社　b.玄洋社}のテロによって負傷し，改正交渉はまたも中断した。

　その後，外相(14){a.青木周蔵　b.大隈重信}が(15){a.アメリカ　b.イギリス}と対等の立場で交渉を進めたが，1891年に起こった大津事件によって引責辞任した。1894年，外相(16){a.陸奥宗光　b.加藤高明}の時に領事裁判権の撤廃などを内容とする日英通商航海条約が結ばれ，1911年，外相(17){a.内田康哉　b.小村寿太郎}の時に改正日米通商航海条約が調印されて関税自主権が回復した。

問2．条約改正交渉に関して述べた文として正しいものを，次の①〜④のうちから一つ選べ。

①　日露戦争後に日英通商航海条約が結ばれて，領事裁判権の撤廃が実現した。

②　関税自主権の回復が実現したのは，第一次世界大戦後のことである。

③　ノルマントン号事件は，条約改正の要求が高まるきっかけとなった。

④　民権派は三大事件建白運動を起こし，外交の挽回などを求める意見書を衆議院に提出した。

⑷　日清戦争

A

B

問1．上の図版A・Bに関する次の文章を読み，{a・b}のうち正しいほうを選べ。

　1882年，朝鮮では閔氏一族に反対して大院君を支持する勢力が反乱を起こし，反日感情を強めた民衆が日本大使館を襲撃する事件が起こった。これを(1){a．壬午軍乱　b．甲申事変}という。1884年に(2){a．アヘン戦争　b．清仏戦争}が起こると，これを好機と見た(3){a．金玉均　b．李太王}らの親日改革派がクーデタを起こしたが失敗した。これを(4){a．壬午軍乱　b．甲申事変}という。その翌年に伊藤博文と李鴻章との間で(5){a．天津条約　b．南京条約}が結ばれ，日清両国の朝鮮からの撤兵と，出兵の際の事前相互通告などを取り決めた。

　(1)ののち，一時的に政権を掌握した大院君は清軍によって天津に抑留され，閔氏政権が復活した。しかし，閔氏政権のもとでは課税が強化されたために民衆の反政府意識が高揚し，東学の信徒を中心に農民による排外的な反乱が起こった。これを(6){a．変法自強運動　b．甲午農民戦争}という。これに対して朝鮮政府の要請を受けた清が(5)にもとづいて出兵すると日本も対抗して出兵した。両国は反乱を鎮圧したのちも朝鮮をめぐって対立し，1894年，(7){a．豊島沖の海戦　b．黄海の海戦}を機に日本は清に宣戦布告し，日清戦争が始まった。

　図**A**はその当時の東アジア情勢を風刺した絵で，朝鮮をめぐって日本と清が釣り糸を垂らし，釣り上げる獲物を(8){a．ドイツ　b．ロシア}が虎視眈々と狙っているようすが描かれている。この図に示されているように，二者が争っている間に第三者によって利益が奪われてしまうことを故事成語では(9){a．漁夫の利　b．烏合の衆}という。

　1895年，日清戦争の講和条約として日本全権伊藤博文・(10){a．青木周蔵　b．陸奥宗光}と清全権李鴻章との間で下関条約が結ばれた。清は朝鮮に対する宗主権を失い，日本に(11){a．山東半島　b．遼東半島}・台湾・澎湖諸島を割譲し，賠償金の支払い，沙市・重慶・蘇州・(12){a．杭州　b．広州}を開くことなどが定められた。その後，(13){a．フランス　b．イタリア}・ロシア・ドイツによる三国干渉で(11)は清に返還されたが，日本国内では(14){a．扶清滅洋　b．臥薪嘗胆}をスローガンに対露敵愾心も高まっていった。日清戦争に勝利した日本は，軍備拡張を進めながらやがてアジア支配を目指すようになった。

図**B**はそれを風刺したもので，アジア支配を夢見る日本の野心に対し，ビゴーは風刺画を通して警鐘を鳴らしたのである。

問2. 日清戦争前後の東アジア情勢に関わる都市について述べた次の文X・Yと，その都市の所在地を示した地図上の位置a～dの組合せとして正しいものを，下の①～④のうちから一つ選べ。

X 1882年，朝鮮で反日感情を高めた軍隊と民衆が，この都市にある日本公使館を襲撃した。

Y 日清戦争後，日本は下関条約により，この都市のある半島の割譲を受けたが，三国干渉によって中国に返還した。

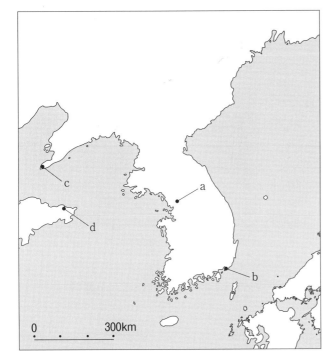

① **X**—a   **Y**—c   ② **X**—a   **Y**—d
③ **X**—b   **Y**—c   ④ **X**—b   **Y**—d

(5) 日英同盟と日露戦争

A

B

C

問1. 上の図版A～Cに関する次の文章を読み，{a・b}のうち正しいほうを選べ。

　1900年の北清事変を機に，中国東北部(満州)を占領したロシアは，南下の姿勢を強めたため，日本国内にはロシアに対する2つの考え方が生まれた。一つはロシアに対して満州経営の自由を認めるかわりに，日本の韓国における優越権を認めさせようという考え方で，もう一つはイギリスと提携してロシアの南下に対抗しようとする考え方である。(1){a.山県有朋　b.伊藤博文}らは前者を，(2){a.桂太郎　b.井上馨}らは後者を支持したが，結局，1902年に日英同盟協約が成立した。

　図Aの右側には「おい君，早く火の中から栗の実を取ってきたまえ。コザック兵がみんな食ってしまうから」と書かれており，イギリス人が日本人をそそのかして「火中の栗」を拾わせようとしている姿を描いたもので，日英同盟協約の成立を風刺している。「火中の栗」は韓国や極東などにおける利権を象徴したもので，日本人が少年のように描かれているのは，当時の日本が国際的に見てまだ力の弱い国として認識されていたことを物語っている。

イギリスやアメリカは，協力はするけれども火傷をするような痛い思いをせず，手を汚さずに「栗＝利権」を手にしようとしているのである。結局，日本は1904年から日露戦争に突入したが，戦費はイギリスやアメリカから外国債として調達し，戦争の終結はアメリカ大統領(3){a.フランクリン＝ローズヴェルト　b.セオドア＝ローズヴェルト}の力を借りることによってポーツマス条約締結のかたちで具体化された。また，図**A**と同じような発想で描かれた風刺画は(4){a.図**B**　b.図**C**}である。

問2．日露戦争の直前には主戦論が生まれたが，その背景について述べた文として誤っているものを，次の①〜④のうちから一つ選べ。

① 日本公使らによる閔妃殺害事件以降，朝鮮における反日運動がいっそう高まった。
② ロシア軍が満州(中国東北部)に駐屯し，満州を勢力圏におさめようとした。
③ ヨーロッパにおいて三国協商が成立したのを機に，日英同盟が締結された。
④ 義和団事件の鎮圧を機に，列強による清の勢力圏分割が進んだ。

(6)　大戦景気

問1．上の図版に関する次の文章を読み，{a・b}のうち正しいほうを選べ。

　日露戦争の後，日本経済は慢性的な不況が続いたが，1914年から始まった第一次世界大戦によって克服の好機を得た。世界的に船舶が不足する中で造船業や海運業が飛躍的に発達し，日本は世界(1){a.第2位　b.第3位}の海運国に成長した。

大戦景気の中で，船成金や鉄成金と呼ばれる一時的な資産家も生まれた。この絵は和田邦坊が描いた漫画で，「暗くて靴がわからない」と玄関で嘆いている女性に向かって100円札を燃やして「どうだ明るくなったろう」と得意げにいっている成金の姿を風刺したものである。当時の船成金では(2){a．川崎正蔵　b．内田信也}や山下亀三郎，勝田銀次郎らが有名である。

問2．第一次世界大戦を機に，日本経済は大きく変貌した。第一次世界大戦ころの日本経済の動向について述べた文として誤っているものを，次の①〜④のうちから一つ選べ。

① ヨーロッパ諸国がアジア市場から撤退したり軍需注文を増大させたりしたので，貿易は大幅な輸出超過となった。

② 軍需生産が大幅に拡充される一方，民需品の生産が制限されるなど，経済統制が強化された。

③ 世界的な船舶不足から，造船・海運業は空前の好況となり，いわゆる船成金が生まれた。

④ ヨーロッパ諸国からの輸入が途絶えたために，染料・薬品などの化学工業が勃興した。

48　列強の中国分割と東アジアの国際情勢

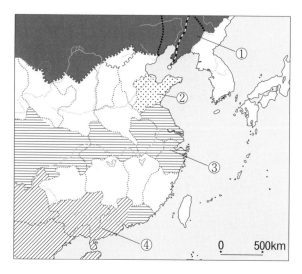

問1．上の地図に関する次の文章を読み，{a・b}のうち正しいほうを選べ。

　日清戦争で「眠れる獅子」と呼ばれた清が日本に敗れると，中国の各地域に対して列強が権益の確保と勢力圏の拡大に乗り出した。これを中国分割といい，鉄道建設権を得たり租借地を設けるなどして，それぞれ勢力範囲を設定した。

　ロシアは1898年に，(1){a．奉天　b．旅順}と大連，イギリスは威海衛と広東省南部の(2){a．九

龍半島　ｂ．遼東半島｝，ドイツは山東半島の(3)｛ａ．膠州湾　ｂ．広州湾｝，フランスは広東省南部
にある(4)｛ａ．膠州湾　ｂ．広州湾｝をそれぞれ租借した。

　地図中の①は(5)｛ａ．ロシア　ｂ．フランス｝，②は(6)｛ａ．イギリス　ｂ．ドイツ｝，③は(7)｛ａ．フ
ランス　ｂ．イギリス｝，④は(8)｛ａ．フランス　ｂ．ロシア｝の勢力範囲を示したものである。

　日本は清に対し，台湾の対岸に位置する(9)｛ａ．四川省　ｂ．福建省｝の不割譲を確約させた。ま
た日本は第一次世界大戦中に，ドイツの根拠地(10)｛ａ．青島　ｂ．香港｝を占領したほか，(11)｛ａ．赤
道以北　ｂ．赤道以南｝の(12)｛ａ．オランダ領　ｂ．ドイツ領｝南洋諸島の一部を占領した。

　のちアメリカ大統領(13)｛ａ．ハーディング　ｂ．ウィルソン｝の提唱で1921年に開かれた(14)｛ａ．パ
リ講和会議　ｂ．ワシントン会議｝において，1922年に(15)｛ａ．四カ国条約　ｂ．九カ国条約｝が結ば
れ，それにもとづいて中国と山東懸案解決条約（＝山東還付条約）を結び，山東省の旧ドイツ権益
は中国に返還された。

問２．次の絵は，ジョルジュ・ビゴーが1899（明治32）年にこの時期の東アジアをめぐる国際関係
　　を風刺的に描いたものである。この絵に関する説明として正しいものを，下の①〜④のうちか
　　ら一つ選べ。

①　この絵が描かれた時，すでに(b)と(c)の間には，(a)に対する攻守同盟が結ばれていた。
②　この絵が描かれた時，すでに(b)は(a)に対する戦争開始を決定していた。
③　(a)は，さきに三国干渉のメンバーに加わり，(b)に遼東半島の返還を要求した。
④　(c)は，1900年に清で起きた反乱の鎮圧を理由に，満州を占領した。

49　鉄道の発達

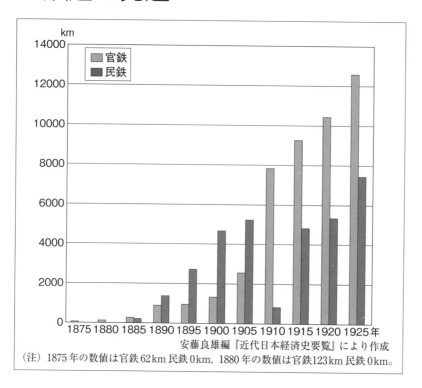

km

安藤良雄編『近代日本経済史要覧』により作成
（注）1875年の数値は官鉄62km民鉄0km，1880年の数値は官鉄123km民鉄0km。

問1．上のグラフに関する次の文章を読み，｛a・b｝のうち正しいほうを選べ。

　日本政府は殖産興業政策の一環として，1870年に設置された(1)｛a．内務省　　b．工部省｝を中心
に鉄道の敷設を進め，(2)｛a．イギリス　　b．フランス｝の技術的・経済的援助のもとで1872年に横
浜と(3)｛a．新橋　　b．品川｝間が開通し，陸蒸気が運行された。1874年には大阪と(4)｛a．京都
b．神戸｝間が開通し，大都市と貿易港を結ぶアクセスが整備された。1881年には(5)｛a．華族
b．皇族｝の出資をもとに，日本最初の民営鉄道会社として日本鉄道会社が設立され，1891年には
(6)｛a．信越本線　　b．東北本線｝が全通した。

　1880年代後半になると，企業勃興の機運が高まる中で，鉄道部門でも会社設立ブームが起こり，
1889年には北海道炭礦鉄道，1891年には九州鉄道，1901年には山陽鉄道と民営鉄道会社が相次い
で設立された。この間，1889年には官営の東海道線が東京と(7)｛a．大阪　　b．神戸｝間で全通した
が，営業キロ数では(8)｛a．官営が民営を　　b．民営が官営を｝上回っていた。

　日露戦争の後，(9)｛a．第1次桂太郎　　b．第1次西園寺公望｝内閣は，産業上・軍事上の観点か
ら鉄道網を統一的かつ効率的に管理するために1906年に(10)｛a．鉄道敷設法　　b．鉄道国有法｝を公
布し，民営鉄道(11)｛a．17社　　b．51社｝を買収して国有化を図った。

　グラフを見ると，1910年には全鉄道の約(12)｛a．5割　　b．9割｝が国有化されたことがわかる。

やがて日本国有鉄道は1987年，⒀{a．中曽根康弘　　b．竹下登}内閣の時に分割民営化されてＪＲが発足し，今日に至っている。

問２．鉄道国有化と，それ以前の民営鉄道・官営鉄道について述べた文として誤っているものを，次の①〜④のうちから一つ選べ。

① 　上野〜青森間を敷設した日本鉄道をはじめ，山陽鉄道・九州鉄道などはいずれも民営であり，鉄道国有法によって買収された。

② 　鉄道の国有化は，日露戦争の戦後経営にあたり，軍備拡張政策をとった第１次西園寺公望内閣によって行われたが，軍事上の必要だけではなく，民営鉄道の経営困難など経済上の理由も国有化の一因となった。

③ 　1880年代の末期に官営の東海道線が全通したころ，民営鉄道の営業キロ数は官営のそれを上回り，第一議会に集まった議員たちの上京にも鉄道はかなり利用された。

④ 　条約改正の準備のために派遣された岩倉使節団は，欧米を視察して帰国したのち，鉄道の建設を建議し，イギリスからの外債を利用して1870年代末に最初の官営鉄道を開通させた。

50　近現代の教育制度

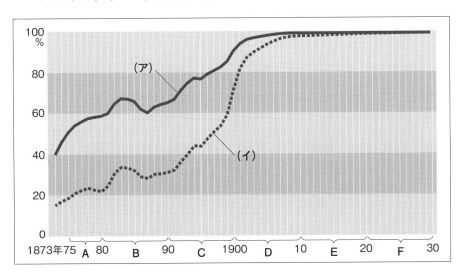

問１．上のグラフに関する次の文章を読み，{a・b}のうち正しいほうを選べ。

　明治政府は1871年に教育行政機関として⑴{a．教部省　　b．文部省}を設置し，翌年には⑵{a．フランス　　b．アメリカ}の制度にならって学制を公布して国民皆学の教育制度の実現を目指した。学制によれば全国を８つの大学区に分け，それぞれの大学区に大学校・中学校・小学校を設置す

る計画だったが，受益者負担主義を取り入れたことなどから現実との乖離性が批判された。その
ため政府は1879年に学制を廃止し，(3)｛a．アメリカ　b．イギリス｝の制度にならった(4)｛a．教育
令　b．学校令｝を公布したが，その自由主義的な精神に対する批判が起こり，1880年には中央集
権的な性格の強い改正教育令が公布された。

　1886年，初代文部大臣(5)｛a．森有礼　b．榎本武揚｝は帝国大学令・(6)｛a．高等学校令　b．師
範学校令｝・中学校令・小学校令からなるいわゆる学校令を公布し，尋常小学校の義務教育を(7)
｛a．2年　b．4年｝とした。1890年には「忠君愛国」の理念のもとに天皇を頂点に置く家族的国
家観を説く教育勅語が公布され，教育の国家主義化が進んだ。

　義務教育が6年に延長されたのは(8)｛a．**C**の時期　b．**D**の時期｝で，戦後，1947年の(9)｛a．教
育基本法　b．学校教育法｝によって9年となった。

　教科書について政府は1881年には小学校の教科書は届出制とし，1883年からは許可制としたが，
1886年には(10)｛a．国定制　b．検定制｝となり，教科書の売り込みをめぐる汚職事件を機に，小学
校の教科書は1903年から(11)｛a．国定制　b．検定制｝となった。

　上のグラフは(12)｛a．義務教育就学率　b．中等学校進学率｝を示したもので，(ア)は(13)｛a．男子
b．女子｝，(イ)は(14)｛a．男子　b．女子｝を表している。

　高等教育機関では，東京大学は(15)｛a．**A**の時期　b．**B**の時期｝に創設され，1897年に東京帝国
大学と改称した。大隈重信は1882年に東京専門学校を設立し，女子教育に尽力した津田梅子は
1900年に(16)｛a．女子英学塾　b．自由学園｝を創設した。

　1918年，(17)｛a．寺内正毅　b．原敬｝内閣の時に大学令と高等学校令が公布され，高等教育機関
の拡充が図られた。

　小学校が国民学校と改称したのは(18)｛a．**E**の時期　b．**F**の時期以後｝である。1941年，文部省
教学局は(19)｛a．『国体の本義』　b．『臣民の道』｝を刊行し，国民思想の統制も強化した。

　戦後，1946年に(20)｛a．アメリカ　b．イギリス｝から教育使節団が来日し，その勧告によって
1947年に教育基本法と学校教育法が制定された。また，1948年には(21)｛a．公選　b．任命｝による
教育委員会が設置され，教育行政の(22)｛a．中央集権化　b．地方分権化｝が図られたが，教育委員
は1956年から(23)｛a．公選制　b．任命制｝に切りかえられた。

問2． 次の図を参考にしながら，学制が実施されたころの小学校の授業について述べた文として
　　正しいものを，下の①〜④のうちから一つ選べ。

① おもにお雇い外国人により，英語で授業が行われた。

② 文部省が編集した国定教科書を使って授業が行われた。

③ 男子も女子も学んでいた。

④ 児童は教育勅語を暗誦させられた。

51 近代の文学

A

B

C

D　　　　　　　　**E**　　　　　　　　**F**

問１．上の図版**A**〜**F**に関する次の文章を読み，｛**a**・**b**｝のうち正しいほうを選べ。

　明治時代初期には，仮名垣魯文の(1)｛a.『西洋道中膝栗毛』　b.『東海道中膝栗毛』｝のような戯作文学が人々に好まれた。自由民権運動が高まると，矢野竜渓の(2)｛a.『経国美談』　b.『雪中梅』｝や(3)｛a.末広鉄腸　b.東海散士｝の『佳人之奇遇』のような政治思想の宣伝・啓蒙を目的とした政治小説が登場した。

　1880年代になると，人間の心理や世相を客観的に忠実に描く写実主義文学が盛んになり，(4)｛a.幸田露伴　b.坪内逍遥｝は文学論として**A**を発表した。また，長谷川辰之助の本名をもつ(5)｛a.二葉亭四迷　b.山田美妙｝は，近代小説の先駆とされる**B**を言文一致体で書き上げた。1890年代の日清戦争前後には，感情や個性の優位を重視する(6)｛a.ロマン主義　b.反自然主義｝文学が盛んになり，北村透谷らが創刊した(7)｛a.スバル　b.文学界｝が文学活動の母体的な役割を果たした。**C**は(6)文学を代表する(8)｛a.北原白秋　b.島崎藤村｝による詩集である。

　1900年代の日露戦争前後になると，人間を客観的に観察して社会の暗く醜い姿をありのままに描こうとする(9)｛a.理知主義　b.自然主義｝文学が盛んになり，『牛肉と馬鈴薯』などを書いた(10)｛a.国木田独歩　b.田山花袋｝らが活躍した。

　大正時代に入るころになると，(11)｛a.菊池寛　b.武者小路実篤｝や志賀直哉・有島武郎など，自我や個人を尊重する人道主義的なグループが生まれ，同人雑誌として**D**を刊行した。また自然主義に対抗して，人間の官能美を追求する(12)｛a.印象派　b.耽美派｝文学も**D**とともに文壇の主流となった。大正時代には雑誌の発行部数も飛躍的に増加し，(13)｛a.鈴木三重吉　b.江戸川乱歩｝は児童文芸雑誌として**E**を創刊した。大正時代の文壇では芥川龍之介らの(14)｛a.新思潮派　b.外光派｝，川端康成らの(15)｛a.新現実派　b.新感覚派｝の作家も活躍し，昭和初期にかけてはプロレタリア文学も盛んになった。**F**は(16)｛a.徳永直　b.小林多喜二｝が発表したプロレタリア文学の代表作である。

問 2．立憲政友会が結成された1900年から大正政変が起こった1913年にかけての時期における文学の傾向について述べた文として正しいものを，次の①〜④のうちから一つ選べ。

① 政治運動の経験者によって書かれた政治小説が多くの読者を得た。その代表的作品に，矢野竜渓（矢野文雄）の『経国美談』がある。

② ゾラなどの影響を受けた自然主義の小説が文壇の主流になった。その代表的作品に田山花袋の『蒲団』がある。

③ 自然主義に反発する新感覚派の文学が登場した。その代表的作品に川端康成の『伊豆の踊子』がある。

④ 労働運動の体験を基礎に社会問題を取材するプロレタリア文学がおこった。その代表的作品に徳永直の『太陽のない街』がある。

52　近代の絵画

A

B

問 1．近代の絵画と美術界の動向に関する次の文章を読み，｛a・b｝のうち正しいほうを選べ。

明治政府は殖産興業政策を進めるうえで，西洋美術教育の必要性を認め，1876年に(1)｛a．工部美術学校　b．明治美術会｝を設置した。しかし，フェノロサらによって日本の伝統美術再興の気運が高まると(1)は閉鎖され，1887年に岡倉天心らの尽力のもとに東京の上野に日本画・美術工芸・彫刻を中心とする(2)｛a．日本美術院　b．東京美術学校｝が設立され，のちに西洋画科も設置された。

西洋画では，イタリアの風景画家フォンタネージに師事した(3)｛a．青木繁　b．浅井忠｝が「収

穫」などを制作し，またフランスで学んだ黒田清輝が帰国後に洋画団体として(4)｛a．春陽会　b．白馬会｝を結成して，**A**の(5)｛a．「湖畔」　b．「湖水と女」｝などを制作した。

　大正時代になると，日本画の近代化を目指した(6)｛a．横山大観　b．下村観山｝が「生々流転」を制作したほか，(7)｛a．岸田劉生　b．梅原竜三郎｝は一連の「麗子微笑」を制作した。また竹久夢二は抒情画家としても知られ，**B**の(8)｛a．「黒船屋」　b．「黒き猫」｝などを制作した。

　美術展覧会では1907年，第1次西園寺公望内閣の時に文部大臣牧野伸顕(のぶあき)によって(9)｛a．文部省美術展覧会（文展）　b．日本美術展覧会（日展）｝が創始されたが，一時期の停滞の後，1919年に(10)｛a．日本美術院展覧会（院展）　b．帝国美術展覧会（帝展）｝に引き継がれた。

問2． 近代の美術界の動向に関して述べた次の文**X**・**Y**について，その正誤の組合せとして正しいものを，下の①～④のうちから一つ選べ。

X　大正時代には，在野の洋画団体として二科会などが結成され，安井曽太郎や梅原竜三郎らが活躍した。

Y　戦時中，多くの画家が従軍画家として戦地に赴き，戦意高揚のために戦争画（戦争記録画）を制作した。

① **X** 正　　**Y** 正　　　② **X** 正　　**Y** 誤
③ **X** 誤　　**Y** 正　　　④ **X** 誤　　**Y** 誤

53 労働運動と農民運動

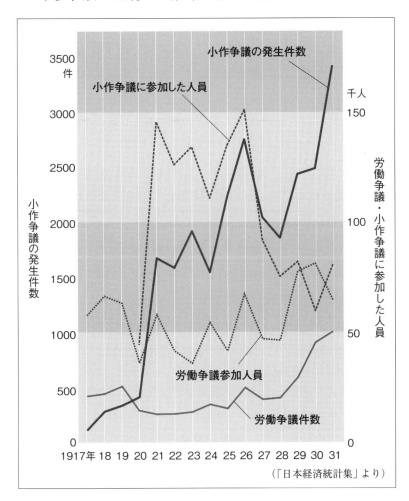

（「日本経済統計集」より）

問1．近代の労働運動・農民運動と上のグラフに関する次の文章を読み，{a・b}のうち正しいほうを選べ。

　明治時代には，資本主義の発達にともなって工場労働者の数も増大した。その大部分は(1){a．軽工業　b．重工業}に従事する(2){a．男性　b．女性}で，劣悪な環境のもとで低賃金・長時間労働を強いられた。そのため待遇の改善を求めて1886年には甲府の(3){a．富岡製糸場　b．雨宮製糸工場}で最初のストライキが起こり，1894年には大阪の(4){a．天満紡績　b．鐘淵紡績}工場でもストライキが発生した。

　1897年には，(5){a．イギリス　b．アメリカ}から帰国した高野房太郎らによって職工義友会を母体として(6){a．日本労働組合評議会　b．労働組合期成会}が結成され，その指導のもとに日本鉄道矯正会や鉄工組合など職業別の労働組合が組織された。

産業の発達とともに鉱毒や煙害などの公害問題も発生し，栃木県の(7){a.別子銅山　b.足尾銅山}における鉱毒問題では，代議士の(8){a.田中正造　b.河野広中}が天皇に直訴するに至った。

こうして労働運動が高まると政府は1900年，第2次(9){a.伊藤博文　b.山県有朋}内閣の時に(10){a.治安警察法　b.治安維持法}を制定して運動を取り締まった。この間，労働者の実態調査も進み，(11){a.細井和喜蔵　b.横山源之助}は1899年に『日本之下層社会』を刊行したほか，1903年に(12){a.農商務省　b.内務省}が刊行した『職工事情』は工場法立案の際の基礎資料となった。

工場法は日本最初の労働者保護立法として(13){a.1911年　b.1913年}に制定されたが，(14){a.10人　b.15人}未満の工場には適用されないなど，内容が不備だったことなどにより，施行は1916年まで待たなければならなかった。

大正時代になると1912年，鈴木文治が(15){a.労資協調　b.階級闘争}主義的性格の強い労働団体として友愛会を結成して労働組合運動を推進し，1920年には(16){a.日本労働総同盟　b.大日本労働総同盟友愛会}が中心となり，第1回メーデーが開催された。

労働争議は労働時間や賃金などの待遇の改善を求めたもので，前頁のグラフによれば1931年の発生件数は1919年における発生件数の約(17){a.2倍　b.3倍}に増加したが，小作争議に比べると全体的に(18){a.多かった　b.少なかった}。

一方，農村でも地主に対して小作料の減免や小作権の確認などを求める小作争議が起こり，特に(19){a.1921年　b.1925年}以降に急激に増加した。1922年には賀川豊彦や杉山元治郎らが最初の全国的小作人組合として(20){a.日本農民組合　b.農業協同組合}を組織して小作争議を支援したが，上のグラフを見る限り，小作争議の人員は最大でも約(21){a.10万人　b.15万人}で，それを大きく超えることはなかった。

問2．第一次世界大戦後の社会運動について述べた文として正しいものを，次の①～④のうちから一つ選べ。

① 片山潜によって組織された友愛会が日本労働総同盟と改称し，労働組合の全国組織として急速に成長した。
② 平塚雷鳥らが青鞜社を結成して，女性の政治活動を禁じた治安警察法の改正を要求し，参政権獲得運動に踏み出した。
③ 政府は，社会運動の激化を防ぐために，実業界の根強い反対を押さえて工場法を制定した。
④ 被差別部落の住民の中から，自力での解放を目指し，差別の撤廃を要求する運動が高まり，全国水平社が結成された。

54　近代経済界の動向

問1．大正〜昭和初期の経済界の動向に関する次の文章を読み，{a・b}のうち正しいほうを選べ。

　日露戦争後の日本経済は，慢性的に不況が続いていたが，第一次世界大戦を機とする大戦景気の到来によって，ようやく不況からの出口を見い出した。

　貿易においては，アメリカへの(1){a.生糸　b.綿織物}輸出，アジアへの(2){a.生糸　b.綿織物}輸出などによって大幅な輸出超過となり，(3){a.イギリス　b.中国}に工場を建設して紡績業を営む在華紡も発展した。

　世界的な船舶の不足を背景に，国内では造船業・海運業が活況を呈し，日本は(4){a.フランス　b.イギリス}・アメリカに次いで世界第3位の海運国に成長した。また(5){a.ドイツ　b.ロシア}からの輸入が途絶えたために，国内では薬品や肥料などを中心とする化学工業がおこった。

　また，猪苗代〜東京間の長距離送電の成功と工業原動力の(6){a.蒸気化　b.電化}などを背景に重化学工業が発展し，その生産額は工業生産額の約(7){a.30%　b.50%}を占めるようになり，男性労働者の数も増加した。

　この大戦景気を謳歌する中で，工業生産額が農業生産額を超えたことにより，日本は農業国から工業国へと成長し，債務国から債権国へと転じた。

　やがて第一次世界大戦が終結し，ヨーロッパ各国がもち前の生産力を回復すると，貿易は1919年ごろから輸入超過となり，1920年には(8){a.戦後恐慌　b.金融恐慌}が発生し，1923年の関東大震災は，東京や横浜を中心とする日本経済にとって大きな打撃となった。

　1927年には震災手形処理法案を審議中に，時の蔵相(9){a.井上準之助　b.片岡直温}の失言から金融界は再び混乱に陥った。上の写真は，その当時の東京の銀行で見られた取り付け騒ぎのようすである。時の(10){a.第1次若槻礼次郎　b.第2次若槻礼次郎}内閣は，鈴木商店に巨額な融資を行っていた台湾銀行を救済しようとしたが，救済のための緊急勅令案が枢密院によって阻止されたために総辞職した。その後に成立した(11){a.立憲政友会　b.立憲民政党}の田中義一内閣

は(12){a.30日間　b.3週間}のモラトリアムと日銀からの非常貸し出しによってこの混乱を収拾させたが，多くの中小銀行が倒産に追い込まれたため，結果的に三井・三菱・安田・住友・(13){a.三和　b.第一}の五大銀行の優位が確定した。

　1929年に成立した立憲民政党の浜口雄幸内閣は，蔵相に(14){a.高橋是清　b.井上準之助}を起用けて金解禁を断行したが，おりしもアメリカに端を発する世界恐慌の影響を受けたため，日本経済は(15){a.昭和恐慌　b.震災恐慌}に陥った。米をはじめとする農産物価格が下落し，アメリカ向けの生糸の価格と繭価も暴落したため農村での生活は圧迫され，特に東北地方の農村では婦女子の身売りや欠食児童が増加した。続く立憲政友会の犬養毅内閣の時，高橋是清蔵相のもとで金輸出再禁止の措置がとられ，日本の貨幣制度は(16){a.管理通貨制度　b.公定価格制度}に移行した。

問2．次の資料を読み，あとの問いに答えよ。

　　＜資料＞
　　　元来，養蚕農家は一体に田の作り方が少なくて，中位のものでも，取れる米は大体自分たちで食べるだけしかない。そこで養蚕農家の過半数はどうかというと，自分の食べるだけの米も十分取れないので，繭を売った金で米を買うという算段になっている。ところがこのごろの借金の重圧だ。繭の暴落だ。何十貫かの繭を持って行っても，その代金は，借金と差し引かれて一文も残らない。ひどいのはマイナスになる。
　　　　　　　　　　　　　　（猪俣津南雄『踏査報告　窮乏の農村』1934年（昭和9年）刊行）

(1)　これが刊行された前後の時期の，農村の窮乏と農業経営について述べた文として正しいものを，下の①〜④のうちから一つ選べ。

　①　農村の窮乏化は，養蚕業が盛んであった関東・甲信越地方や，凶作に見舞われた東北・北海道で激しかった。
　②　当時は治安維持法によって農民組合の結成が禁止されていたため，農家は小作料減免を要求する運動を起こせず，このことが窮乏化に拍車をかけた。
　③　繭や野菜・果物などを市場で有利に販売するために，農家は農林水産省の指導にもとづいて，農産物の共同出荷を行う農業協同組合（農協）を結成した。
　④　地租改正によって小作料が定額・金納化されていたため，恐慌によっても小作料は下がらず，農家の窮乏化は進んだ。

(2)　下線部の背景について述べた文として正しいものを，次の①〜④のうちから一つ選べ。

① この年，関東地方を襲った大地震が原因となって，恐慌が発生した。

② 前年まで続いた世界大戦の終結に伴い，海外市場が縮小した。

③ アメリカで発生した恐慌が波及し，世界恐慌に巻き込まれた。

④ 紙幣整理のためのデフレーション政策により，物価が下落した。

55　鉄道が関係する事件と世相

(1)　昭和戦前の事件

A

B

問1. 上の図版A・Bに関する次の文章を読み，|a・b|のうち正しいほうを選べ。

　近代における鉄道網の拡張は，人々の移動や物資の輸送など，社会・経済の発達に大きく貢献してきたが，鉄道は時として政治的・軍事的に利用され，人々の命を奪うこともあった。**A**は1928年に満州軍閥の張作霖が北京から(1)|a.奉天　b.天津|に引き揚げる途中，関東軍参謀の(2)|a.石原莞爾　b.河本大作|らによって列車もろとも爆破・爆殺された事件を報じた新聞の写真である。日本では当時これを「満州某重大事件」と呼んで真相は隠されたが，時の(3)|a.若槻礼次郎　b.田中義一|内閣はこの事件の処置をめぐる責任を問われ，昭和天皇の信頼を失って1929年に総辞職した。

　1931年9月18日，(4)|a.北京　b.奉天|郊外の(5)|a.柳条湖　b.盧溝橋|で関東軍が南満州鉄道の線路を爆破し，これを中国側の仕業と見せかけて軍事行動を開始し，満州事変に発展した。

時の(6)｛a.第1次若槻礼次郎　b.第2次若槻礼次郎｝内閣は不拡大方針を唱えたが関東軍は戦線を拡大し，遼寧省・吉林省・黒竜江省の東三省を占領した。そして1932年，(7)｛a.浜口雄幸　b.犬養毅｝内閣の時に清朝最後の皇帝宣統帝溥儀を執政とする満州国を建国し，同年(8)｛a.岡田啓介　b.斎藤実｝内閣の時に日満議定書を結んで満州国を承認した。

　中国側は日本の軍事行動を侵略行為として国際連盟に提訴した。その結果，国際連盟は(9)｛a.アメリカ　b.イギリス｝のリットンを団長とする調査団を日本と中国に派遣した。Bは1932年にリットン調査団が事件現場付近で調査にあたっている写真である。その結果，1933年の国際連盟総会はリットン報告書にもとづいて，日本軍の満鉄附属地内への撤退と日本の満州国の承認撤回を求める対日勧告案を42：1で可決したため，全権(10)｛a.松岡洋右　b.内田康哉｝は総会を退場し，1933年，日本は正式に国際連盟からの脱退を通告した。

問2．長期化する日中戦争に関連して述べた文Ⅰ～Ⅲについて，古いものから年代順に正しく配列したものを，下の①～⑥のうちから一つ選べ。

　Ⅰ　日本は援蔣ルートを断ち切るため，フランス領インドシナ北部に進駐した。
　Ⅱ　近衛首相は「国民政府を対手（あいて）とせず」との声明を発表した。
　Ⅲ　アメリカが，石油の対日輸出を禁止した。

　①　Ⅰ－Ⅱ－Ⅲ　　　②　Ⅰ－Ⅲ－Ⅱ　　　③　Ⅱ－Ⅰ－Ⅲ
　④　Ⅱ－Ⅲ－Ⅰ　　　⑤　Ⅲ－Ⅰ－Ⅱ　　　⑥　Ⅲ－Ⅱ－Ⅰ

⑵　戦後のできごと

A　　　　　　　　　　　　B

問1．上の図版A・Bに関する次の文章を読み，｛a・b｝のうち正しいほうを選べ。

戦争によって国民の生活はことごとく破壊された。敗戦後，軍人の(1)⎰a.引揚げ　b.復員⎰などによって国内人口は急増したが，米の欠配・遅配が続いたために食糧を十分に確保することが困難となった。そのため人々は闇市を利用したり，食糧を求めて(2)⎰a.都市部から農村部へ　b.農村部から都市部へ⎰買出しに出た。**A**は多くの人々を乗せた買出し列車のようすである。

　戦後，アメリカは日本経済の自立を促すために1948年，第2次(3)⎰a.吉田茂　b.鳩山一郎⎰内閣に対して経済安定九原則を示し，それを実施するために1949年にはデトロイト銀行頭取の(4)⎰a.シャウプ　b.ドッジ⎰が来日し，その指示のもとにインフレ抑制策がとられた。その結果，戦後インフレは終息したが一転してデフレとなり，不況が深刻化する中で失業者が増大し，中小企業の倒産も相次いだ。

　当時人員整理を進めていた国鉄では，1949年に国鉄総裁下山定則が常磐線の綾瀬駅付近で轢死体で発見された下山事件や，中央線の三鷹駅構内で無人電車が暴走した三鷹事件のほか，東北線内で列車が転覆した**B**の(5)⎰a.砂川事件　b.松川事件⎰といった怪事件が立て続けに発生したことも相まって，労働運動は大きな打撃を受けることになった。

問2．戦後間もないころの食糧事情について述べた文として正しいものを，次の①～④のうちから一つ選べ。

① 　政府は食糧メーデーを主催し，食糧危機の打開を訴えた。

② 　買出しが不可欠となり，大都市の生活は近郊農村の生活と比較して苦しかった。

③ 　日本農民組合は，政府の指示にもとづく農産物の供出に積極的に協力した。

④ 　食糧増産のために，地主の所有する土地がすべて小作人に売り渡された。

56　農地改革と占領期の経済事情

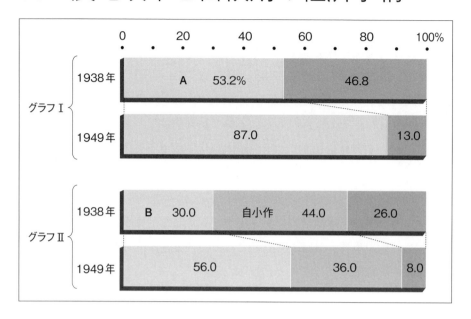

問1.上のグラフに関する次の文章を読み，｛a・b｝のうち正しいほうを選べ。

　1945年10月，マッカーサーは(1)｛a.幣原喜重郎　　b.吉田茂｝に対して口頭で五大改革を要求した。その一項目である「経済の民主化」は財閥解体と農地改革として実現した。軍国主義の温床の一つが農村における寄生地主制にあると見たGHQは，土地制度の改革を指令し，2度にわたる農地改革が実施された。

　政府は1946年から自主的に第1次改革を進め，地主・自作・小作それぞれ(2)｛a.3名　　b.5名｝からなる農地委員会を設置したが，(3)｛a.不在地主　　b.在村地主｝の小作地保有を一律(4)｛a.3町歩　　b.5町歩｝としたため，寄生地主制の解体には至らず，小作料の金納化を実現させた以外は不十分な結果となった。

　そのためGHQの勧告にもとづき，1947年から(5)｛a.自作農創設特別措置法　　b.農業基本法｝と改正農地調整法をより所として第2次改革が実施され，農地委員会の構成も(6)｛a.自作農　　b.小作農｝の立場が大幅に強化された。不在地主の小作地保有は認められなかったが，在村地主の場合は(7)｛a.内地は1町歩，北海道は4町歩　　b.内地は4町歩，北海道は1町歩｝までとなり，それを超える分については国家が強制的に買い上げて，小作人に優先的に譲渡する方式で実施された。

　その結果，1949年には**グラフⅠのA**に該当する(8)｛a.自作地　　b.自作農｝の割合が87％に増加し，**グラフⅡのB**に該当する(9)｛a.自作地　　b.自作農｝が大幅に創設される結果となった。

　農地改革は1946年に再結成された⑽｛a.農業協同組合　　b.日本農民組合｝などの後押しもあっ

て順調に進み，寄生地主制は解体されたが，山林原野などには未着手だったことなど，多くの問題点も残した。

問2．戦後しばらくの間，国民生活は食糧をはじめとする生活物資の欠乏と異常な価格高騰に脅かされ続けた。この事情に関連した次のグラフについて，4人の生徒がそれぞれの見解を発表した。その中で，最も妥当な意見を発表したのは誰か，あとの①〜④のうちから一つ選べ。

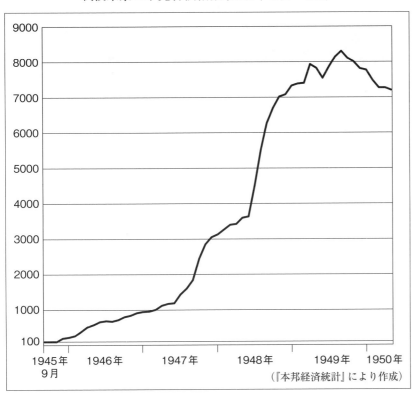

戦後東京の小売物価指数（1945年9月＝100）

（『本邦経済統計』により作成）

Aくん：1948年までの激しい物価上昇を招いた要因の一つは，朝鮮戦争の勃発にともなう特需の発生だと思う。

Bくん：政府は1946年に金融緊急措置令を出したが，猛烈なインフレを食い止めることはできなかったようだ。

Cさん：1949年に物価高騰がおさまったのは，この年から傾斜生産方式が採用され，生産が回復に向かったためだった。

Dさん：敗戦直後に米穀配給制度が廃止されたため，都市住民の農村への買出しが激増し，農産物価格の騰貴を招いたと思う。

① Aくん　　② Bくん　　③ Cさん　　④ Dさん

57　さまざまな大衆運動

A

B

問1．上の図版A・Bに関する次の文章を読み，{a・b}のうち正しいほうを選べ。

　戦後，治安維持法の廃止などを背景に，労働運動や農民運動，部落解放運動や女性の社会的地位の向上を目指す婦人運動など，さまざまな大衆運動が活発化した。

　ＧＨＱの労働政策を反映させるかたちで1945年公布の(1){a. 労働組合法　b. 労働基準法}をはじめとするいわゆる労働三法が制定され，1947年には片山哲内閣のもとで労働省も設置された。1946年には経営陣を除いて労働組合が自主的に業務を管理・運営する(2){a. 生産性向上運動　b. 生産管理闘争}が盛んになったが，やがて衰微した。

　1947年には官公庁労働者を中心とする二・一ゼネストが計画されたが，マッカーサーはスト決行前日に(3){a. 吉田茂　b. 片山哲}内閣に命じてこれを中止させた。(3)内閣は1952年の(4){a. 食糧メーデー　b. メーデー事件}を機に，それまでの団体等規正令を補強する形で(5){a. 破壊活動防止法　b. 新警察法}を成立させるなどして，大衆運動を抑制するための法整備を進めた。

　1951年，サンフランシスコ平和条約調印と同日に調印された日米安全保障条約にもとづいてアメリカ軍の駐留が続くこととなり，翌年に結ばれた日米行政協定によって，駐留費用は分担制となった。これに対し，石川県の(6){a. 横田　b. 内灘}で起こった米軍試射場反対運動など，1950年代には各地で米軍基地反対闘争が激化した。

　また1954年に起こったビキニ水爆実験で，日本の漁船第五福竜丸が被爆したことを機に原水爆禁止運動が広がり，翌年に(7){a. 広島　b. 長崎}で第一回原水爆禁止世界大会が開かれた。

1957年に組閣した岸信介内閣は，「日米新時代」を唱えて日米安全保障条約の改定に着手したが，国内ではアメリカの世界戦略の中で日本が戦争に巻き込まれるのではないかという懸念のもとに，安保改定阻止国民会議を推進母体として反対運動が起こった。写真**A**は1960年6月18日に(8){a.国会議事堂前　b.皇居前広場}で展開した安保条約改定反対のデモのようすである。そして1960年に(9){a.ワシントン　b.ニューヨーク}で日米相互協力及び安全保障条約(＝新安保条約)と日米地位協定が調印されたが，条約は(10){a.衆議院　b.参議院}の承認を経ないまま自然成立し，その直後に岸内閣は総辞職した。

　1965年，南ベトナムを支援するアメリカ軍は北爆を開始して本格的な軍事介入を始め，ソ連も北ベトナムを援助する形でベトナム戦争が拡大した。日本はアメリカ軍の後方基地となっていたため，沖縄の嘉手納基地から(11){a.B29　b.B52}戦略爆撃機が北ベトナム爆撃のために飛び立った。日本では「ベトナムに平和を！市民連合」(＝ベ平連)を中心にベトナム反戦運動が高まり，1960年代末期にかけて市民運動・学生運動として盛りあがりを見せた。

　その「基地の島」沖縄では，1960年代になると沖縄県祖国復帰協議会を推進母体として祖国復帰運動が高揚し，1969年の佐藤・(12){a.ジョンソン　b.ニクソン}会談によって「核抜き・本土なみ」の返還，安保堅持などの条件で合意が成立し，日米共同声明が発表された。その結果，1970年の日米新安保条約の自動延長を経て，1971年に沖縄返還協定が調印され，翌年，沖縄の日本復帰が実現したが，米軍の専用軍事基地はそのまま存続することとなった。写真**B**は沖縄の祖国復帰を要求する人々の行進を写したものである。

　高度経済成長期には生活水準の向上とマス＝メディアの発達を背景に，国民の間には中流意識が芽生え，高等教育機関への進学率も上昇した。そうした中で，1960年代後半には高校や大学において，学園の民主化を求める学園紛争も起こった。

問2．次の写真**X**・**Y**は戦後に起こった大衆運動を示したものである。それを説明する文章a～dとの組合せとして正しいものを，あとの①～④のうちから一つ選べ。

X   Y

a　1946年に皇居前広場で行われた食糧メーデー（飯米獲得人民大会）のようす

b　1952年に皇居前広場で起こったメーデー事件のようす

c　1969年に起こった東京大学における学生と機動隊との攻防

d　1968年に起こったアメリカの空母エンタープライズの佐世保寄港反対闘争

①　**X**—a　　**Y**—c　　②　**X**—a　　**Y**—d

③　**X**—b　　**Y**—c　　④　**X**—b　　**Y**—d

58　戦後経済の復興と経済大国への成長

A

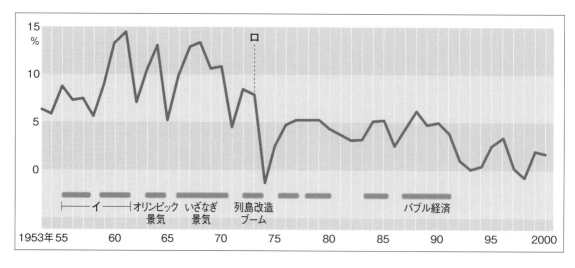

B

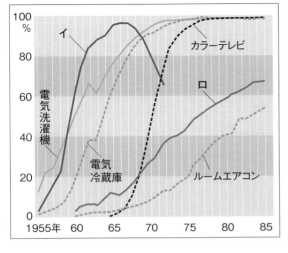

C

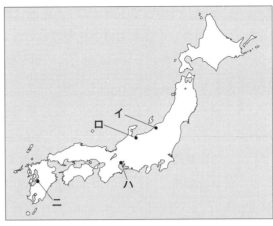

問1．上のグラフＡ・Ｂと地図Ｃに関する次の文章を読み，{a・b}のうち正しいほうを選べ。

　戦後，兵士の復員や戦地からの引揚げ，軍需産業の崩壊などによって失業者が増大し，物不足のうえに食糧難も深刻化した。また通貨の増発によってインフレーションが進行したため，(1){a.幣原喜重郎　b.東久邇宮稔彦}内閣は1946年に金融緊急措置令を発して新円への切り替えと預金封鎖を進めた。これによって一時的にインフレは収束したが，傾斜生産方式を実施するために新設された(2){a.復興金融金庫　b.国際復興開発銀行}からの融資にともなう通貨量の増大によってインフレを助長する結果となった。

　アメリカは日本経済の自立を促すために，第2次吉田茂内閣のもとに(3){a.融資の増大　b.徴税の強化}などを含む経済安定九原則を示し，その実施のために1949年にデトロイト銀行頭取の(4){a.ドッジ　b.シャウプ}が来日し，経済復興融資の停止や均衡予算の作成などによって赤字財政を黒字に転換させる一方，1ドル＝360円の単一為替レートの設定を通して日本経済と国際経済を直結させた。また，1949年にはコロンビア大学教授を団長とする専門家チームが来日して税制改革を勧告し，所得税中心主義への転換が図られた。

　この結果，インフレは収束したものの不況に転じ，企業の倒産が相ついで失業者が増大した。人員整理に対しては激しい反対闘争も起こり，1949年には下山事件・(5){a.三河島事故　b.三鷹事件}・松川事件など国鉄をめぐる怪事件も頻発した。

　1950年から始まった朝鮮戦争にともなう特需景気によって不況からの脱却が図られ，技術革新と設備投資が進む中で，日本経済は1955年ごろから高度成長時代に突入した。

　グラフＡのイの時期においては(6){a.岩戸景気→神武景気　b.神武景気→岩戸景気}と大型景気が続き，経済企画庁が発行する1956年度の『経済白書』は「もはや戦後ではない」と謳い上げた。こうした中で1960年代には(7){a.岸信介　b.池田勇人}内閣によって所得倍増計画が打ち出

されるとともに，日本は⑻｛a．ブロック経済　b．開放経済｝体制に移行し始めた。その結果，1964年には⑼｛a．GATT　b．IMF｝8条国に移行して貿易・為替の自由化が図られ，同年にはOECDにも加盟して資本の自由化も義務づけられた。日本は国際経済の大波の中に身を置くこととなったため，製鉄会社の大型合併や都市銀行による企業集団の形成などで国際競争の激化に対応することとなった。

　一方アメリカは，ベトナム戦争による軍事費の膨張などによって国際収支が悪化したため，1971年，ニクソン大統領はドル防衛のために金とドルの交換停止を声明した。日本は西洋諸国とともに一時は変動相場制に移行したが，1971年に⑽｛a．キングストン　b．ワシントン｝にあるスミソニアン博物館で開かれた10カ国蔵相会議において1ドル＝308円の固定相場制が復活し，円が16.88％⑾｛a．切り上げ　b．切り下げ｝られることとなった。しかしドル対する信用回復は困難をきわめたため，1973年には再び変動相場制に移行し，スミソニアン体制はまたたく間に崩壊した。

　高度経済成長政策が展開する中で，⑿｛a．石油から石炭　b．石炭から石油｝へのエネルギー革命が進み，第2次・第3次産業の比重が高まるなど産業構造の高度化も進んだ。国民生活にも大きな変化が生じた。**グラフB**に見るように，1950年代後期には**イ**の⒀｛a．電気掃除機　b．白黒テレビ｝が三種の神器の一つとして生活の中に普及し，1960年代後期以降には**ロ**の⒁｛a．乗用車　b．ビデオカメラ｝が新三種の神器として浸透した。

　農村においては1961年の農業基本法による補助金支給などを背景に，農家の所得水準は上昇したが，都市部への労働力の流出などによって農業人口が減少し，兼業農家が増加した。また食生活の洋風化が進む中で，1970年から始まった減反政策の影響も相まって，食料自給率は低下した。

　高度成長の一方では，大気汚染や水質汚濁などが深刻な問題となった。地図**C**の⒂｛a．**イ**　b．**ロ**｝で発生したイタイイタイ病や⒃｛a．**ハ**　b．**ニ**｝で発生したぜんそくなどの公害病が問題化し，いわゆる四大公害訴訟が起こったが，1970年代前期にはすべて⒄｛a．原告側　b．被告側｝が勝訴した。この経緯の中で1967年には⒅｛a．環境基本法　b．公害対策基本法｝が制定され，1971年には環境庁が発足した。

　しかし，**グラフAのロ**の時期におこった⒆｛a．第1次石油危機　b．第2次石油危機｝を背景に，1974年には経済成長率が戦後初めてマイナスを記録し，約20年間続いた高度成長は終焉した。

　その後，安定成長を経る中で日本の貿易黒字は大幅な伸びを見せたため，欧米諸国との間で貿易摩擦問題が生じた。その一方で世界の国民総生産（GNP）に占める日本の比重は1980年に10％に達し，日本は経済大国に成長した。また政府開発援助（ODA）の供与額も急速に増大し，1989年には⒇｛a．アメリカ　b．イギリス｝を抜いて世界第一位となった。

　この間，アメリカは日本に対して農産物の輸入自由化をせまり，1988年には㉑｛a．豚肉・レモン　b．牛肉・オレンジ｝の輸入自由化が，1993年には米の部分開放がそれぞれ決定された。

　1985年にドル高是正のための㉒｛a．プラザ合意　b．ルーブル合意｝が成立すると，円高が進行

していわゆる円高不況が生じ，国内では輸出産業が大きな打撃を受けた。しかし間もなく国内需要に押される形で景気が回復し，バブル経済と呼ばれる好景気を謳歌したが，それも1991年にははじけ，出口の見えない長い不況（平成不況）に突入することとなった。

問2．日本は1955年にGATT（関税及び貿易に関する一般協定）に加盟したが，自由貿易体制の構築にはその後も長い年月を要した。これに関連する次の表を読み取った内容として，正しいものの組合せを，下の①～④のうちから一つ選べ。

日本の食料自給率　　　　　　　　（単位：％）

品目	1955年度	1960年度	1965年度	1970年度	1975年度	1980年度	1985年度
米	110	102	95	106	110	100	107
小麦	41	39	28	9	4	10	14
大豆	41	28	11	4	4	4	5
野菜	100	100	100	99	99	97	95
果実	104	100	90	84	84	81	77
牛乳及び乳製品	90	89	86	89	81	82	85
肉類	100	93	93	89	76	80	81
砂糖類	―	18	31	22	15	27	33
魚介類	107	108	100	102	99	97	93

（三和良一・原朗編『近現代日本経済史要覧』補訂版より作成）

a　外国産果物の輸入自由化が広がり，身近な食品となっていった。

b　輸送手段の発展で，水産物は輸入に大きく依存するようになった。

c　食生活の変化により，洋食関連品目の輸入が増えた。

d　専業農家が大きく減少し，輸入米が増加した。

①　a・c　　　②　a・d　　　③　b・c　　　④　b・d

写真所蔵・提供先一覧

p.17　①②③　日本近代文学館

p.18　④　日本近代文学館

p.20　東京国立博物館／国立博物館所蔵品統合検索システム※

p.27　A・D　三内丸山遺跡センター　B　国立歴史民俗博物館　C　千葉市立加曽利貝塚博物館　E　東京国立博物館／国立博物館所蔵品統合検索システム※

p.31　A　田原本町教育委員会　B　佐賀県　C　東大阪市教育委員会　D　平戸市　E　静岡市立登呂博物館　F　伊豆の国市教育委員会

p.33　福岡市博物館／DNPartcom

p.45　東京大学史料編纂所所蔵複写

p.44　A　国（文部科学省所管）／明日香村教育委員会　B　Kobe City Museum ／DNPartcom　C　薬師寺　D　高野山霊宝館　E　東寺／京都国立博物館

p.53・54　清浄光寺（遊行寺）

p.56　東京大学史料編纂所所蔵複写

p.57　宮内庁三の丸尚蔵館

p.58　山口県防府天満宮

p.67　真正極楽寺

p.68　A　退蔵院　B　東京国立博物館／国立博物館所蔵品統合検索システム※

p.69　A　毛越寺　B　大仙院　C　宮内庁京都事務所

p.71　A・B　米沢市上杉博物館　C　東京大学史料編纂所

p.72　A　退蔵院　B　東京国立博物館／国立博物館所蔵品統合検索システム※　C　四天王寺／京都国立博物館　D　宮内庁三の丸尚蔵館

p.78　東京大学史料編纂所

p.87　国立公文書館

p.88　A・C　東京国立博物館／国立博物館所蔵品統合検索システム※　B　宮内庁三の丸尚蔵館　D　メトロポリタン美術館　E　建仁寺

p.93　高山寺

p.94　A　美術同人社　B　横浜開港資料館

p.96　A・B　横浜開港資料館

p.98　A　横浜開港資料館　B　美術同人社

p100　B・C　ユニフォトプレス

p.101　灸まん美術館

p.103　ユニフォトプレス

p.105上　国立教育政策研究所

p.107　A　日本近代文学館　B・C　高知市立市民図書館

p.106　D・F　日本近代文学館　E　広島市立中央図書館

p.109　A　東京文化財研究所　B　竹久夢二伊香保記念館

p.113　朝日新聞社

p.115　A・B　朝日新聞社

p.116　A　朝日新聞社　B　毎日新聞社

p.120　A　朝日新聞社　B　沖縄県公文書館

p.122　X・Y　毎日新聞社

※国立博物館所蔵品統合検索システムは下記のURLによる（2020年2月現在）

　https://colbase.nich.go.jp/

表紙デザイン　水戸部　功

大学入学共通テスト・国公立2次・私立大対応

日本史 図版・史料 読みとり問題集

2020 年 3 月 10 日　第 1 版第 1 刷　発行
2021 年 9 月 30 日　第 1 版第 2 刷　発行

　　著　者　　菅野祐孝

　　発行者　　野澤武史
　　印刷所　　明和印刷株式会社
　　製本所　　有限会社　穴口製本所

　発行所　　株式会社　山 川 出 版 社

　〒101-0047　東京都千代田区内神田 1 丁目13番13号
　　電話　03(3293)8131(営業)　03(3293)8135(編集)
　　https://www.yamakawa.co.jp/　振替00120-9-43993

大学入学共通テスト・国公立 2 次・私立大対応

日本史 図版・史料読みとり問題集　解答

山川出版社

問題番号	設問	解答番号	正解	配点	問題番号	設問	解答番号	正解	配点
第1問 (17)	1	1	③	3	第5問 (20)	1	21	⑥	3
	2	2	③	3		2	22	②	3
	3	3	②	3		3	23	③	3
	4	4	④	3		4	24	③	3
	5	5	②	2		5	25	④	3
		6	④	3		6	26	①	3
第2問 (11)	1	7	①	2		7	27	②	2
	2	8	⑥	3	第6問 (25)	1	28	⑤	2
	3	9	③	3		2	29	①	3
	4	10	①	3		3	30	⑥	3
第3問 (15)	1	11	⑥	3		4	31	④	3
	2	12	④	3		5	32	④	3
	3	13	①	3		6	33	④	3
	4	14	③	3			34	①	3
	5	15	③	3		7	35	⑥	3
第4問 (12)	1	16	②	2		8	36	③	3
	2	17	④	2					
		18	③	3					
	3	19	⑤	3					
	4	20	①	2					

【解説】第1問　問1．①誤文。獣肉は食せず，調理に油を使うこともなかった。

②誤文。精進料理は肉や魚介類などを用いず，野菜などの植物性の食材で供される料理で，寺院の食事から普及した。連歌や茶の会席で供されたのは懐石料理（会席料理）である。

④誤文。コロッケ・トンカツ・ライスカレー（カレーライス）などの洋食が普及したのは大正時代である。

問2．X．誤文。世界自然遺産ではなく，世界文化遺産が正しい。Y．正文。

問3．X．正文。1968年には文化財の管理などを担う官庁として文化庁が設置された。

Y．誤文。文化財保護法は1949年の法隆寺金堂壁画の焼損を機に制定された。金閣焼亡は文化財保護法の制定後である。

問4．④誤文。恵方巻の起源そのものは明らかではないが，日本では1980年代に西日本を中心に展開し始め，1990年代後半に全国的に普及したので，「奈良時代に中国から伝来し」は明らかに誤りである。

問5．(1)〔史料Ⅰ〕は1643年に出された田畑永代売買禁令の一節。〔史料Ⅱ〕は1961年に公布された農業基本法の一節。〔史料Ⅲ〕は1697年に刊行された宮崎安貞の『農業全書』の一節。

(2)ａ．誤文。自作農の創設と小作料の金納化を実現させたのは農地改革である。

ｂ．正文。農業基本法は池田勇人内閣の時，農業の近代化を図るために制定された。

ｃ．誤文。「高価な農具が必要である」が誤り。生産力を上げるためには，多少の出費はあっても性能がよい農具を用いたほうが農作業の効率は上がるものだと説いている。

第2問　問1．①誤文。大津宮には都城制は取り入れられていない。日本で最初に都城制が取り入れられたのは藤原京である。

②正文。藤原京はこれまで「大和三山に囲まれた都」として理解されていたが，近年の研究の結果，「大和三山をも含めたかなり規模の大きな都」であったことが明らかになっている。

③桓武天皇は784年に長岡京に遷都したが，造営長官藤原種継が暗殺されたこともあって造都事業は中止され，794年に和気清麻呂の進言で都は平安京に移された。

④平城京・平安京ともに条坊制を取り入れた都で，中央の南北には羅城門と朱雀門を結ぶ朱雀大路が走り，それによって

都は東側の左京と西側の右京に分けられた。

問2．Ⅰ．「密教の影響」，「一木造・翻波式」から平安初期(＝弘仁・貞観文化期)と判断する。したがって，関連する仏像は元興寺薬師如来像(＝ア)となる。

Ⅱ．「寄木造」が決め手となり，平安中期(＝国風文化期)と判断する。関連するのは定朝によって制作された平等院鳳凰堂阿弥陀如来像(＝ウ)である。

Ⅲ．「塑像」・「乾漆像」は奈良時代に盛んになった彫像様式である。関連するのは乾漆像の唐招提寺鑑真和上像(＝イ)である。したがって時代順ではⅢ➡Ⅰ➡Ⅱとなる。

問3．〔史料Ⅰ〕は『日本書紀』所収の改新の詔(646年)の一節である。

〔史料Ⅱ〕は『続日本紀』所収の和同開珎鋳造(708年)に関する記事である。

ａ．誤文。「毎年，戸籍と計帳をつくろう」が誤り。戸籍は班年にあわせて6年に一度，計帳は毎年作成されることとなった。

ｂ．正文。班田収授法によって，公民の最低限の生活を保障して税を負担させた。口分田は6年に一度，6歳以上の男女に班給された。

ｃ．正文。〔史料Ⅱ〕に「銀銭」・「銅銭」とある。

ｄ．誤文。「運脚によって地方の国衙に運ばれた」という表記はない。

問4．〔史料〕に「白村江」とあるので，663年の白村江の戦いを考えればよい。これによって新羅との仲が険悪となったので，遣唐使のコースはａ(＝北路)からｂ(＝南路)やｃ(＝南島路)に変更になった。

第3問 問1．出典がヒントとなる。Ⅰの『建武以来追加』は，Ⅱの『建武式目』(1336年)が制定された後に室町幕府が出した追加法令である。Ⅲの『御成敗式目』は1232年なのでⅢ➡Ⅱ➡Ⅰの順となる。

問2．ａ．正文。〔史料〕1行目に「猿楽初めの時分」とある。

ｂ．誤文。〔史料〕3行目に「御前において腹切る人もなく」とある。

ｃ．正文。〔史料〕4行目に「赤松討たるべき御企て露顕するの間，遮りて討ち申す」とある。

ｄ．誤文。「世間の人びとは強い悲しみを覚えた」が誤り。〔史料〕5行目に「自業自得無力の果てのことか」とあるように，将軍が謀殺された事件を冷ややかに見つめている。したがって，ｂ・ｄの内容は史料からは読み取れない。

問3．Ｘ．正文。貫高制についての説明文である。大名と家臣の間には貫高にもとづいた主従関係が生まれることになった。

Ｙ．正文。楽市令は近江の六角氏や駿河の今川氏も出し，商業取引の円滑化を図った。

問4．〔史料Ⅰ〕は勝手に婚姻を結んではならないことを取り決めたものである。「私として」とは「ひそかに」という意味なので，婚姻を結ぶ場合には軍事機密が漏れるのを防ぐためにも，必ず領主の許可を必要とした。

〔史料Ⅱ〕は家臣団の分裂を防ぐために，喧嘩両成敗を規定したものである。喧嘩が起こった場合にはどちらに非があろうとも両方成敗するという規定である。しかし，史料に「但し取り懸るといえども，堪忍せしむるの輩に於ては罪科に処すべからず」とあるので，条件によっては成敗しない場合もあると記している。

問5．アは大友氏の府内，イは大内氏の山口，ウは朝倉氏の一乗谷，エは結城氏の結城である。

第4問 問1．①唐箕は風の力で穀類と塵芥を選別する農具で，17世紀後半に中国から伝来した。②竜骨車は中世に中国から伝来した揚水具で，18世紀中頃になると，竜骨車に代わって踏車が普及した。③千歯扱は脱穀具で「後家倒し」とも呼ばれた。④千石簁は穀粒の大きさを選別する農具で，17世紀後半から普及した。

問2．(1)Ｘは1672年に河村瑞賢によって整備された西回り航路(西廻り海運)で，イの北前船が就航した。アの菱垣廻船は樽廻船とともに江戸～大坂間の南海路に就航した。

Ｙは江戸と京都・大坂を結んだ東海道である。東海道にはエの箱根関が設置され，「入り鉄砲出女」を監視した。ウの木曽福島関は中山道に設置された関所である。

(2)史料文冒頭の「御当地」とは大坂を指している。

①正文。〔史料〕1～3行目にかけて「菱垣廻船…元和五年泉州堺の者。紀州富田浦より……はじめて御江戸へ積廻し」とある。

②正文。〔史料〕3～4行目に「其の頃まで江戸表には組と申すもの御座なく」とある。

③誤文。樽廻船は17世紀中頃に始まったが，〔史料〕には「樽廻船」の語句はないので，この〔史料〕から樽廻船の就航について読み取ることはできない。

2

④正文。〔**史料**〕6 ～ 7 行目に「元禄七年……十組に組み分け……大行事相建て」とある。

問 3．Ⅰは18世紀に普及した問屋制家内工業，Ⅱは19世紀に普及した工場制手工業（マニュファクチュア），Ⅲは17世紀に見られた農村家内工業の説明である。したがって，Ⅲ➡Ⅰ➡Ⅱの順となる。

問 4．〔**史料**〕2 行目の「勘定吟味荻原彦次郎重秀」がヒント。5 代将軍徳川綱吉の時代に，勘定吟味役だった荻原重秀の建議によって1695年に元禄金銀が鋳造された。

第 5 問　問 1．Ⅰ．プチャーチンが長崎に来航して，通商を求めたのは1853年である。

Ⅱ．ビッドルが浦賀に来航し，通商を要求したのは1846年である。

Ⅲ．オランダ国王の開国勧告がもたらされたのは1844年である。したがってⅢ➡Ⅱ➡Ⅰの順となる。

問 2．①誤文。江戸と大坂の開市は日米修好通商条約に規定されたが，下田・箱館の開港は1854年の日米和親条約によって定められた。

③④誤文。③④はともに日米和親条約によって定められた。

問 3．「第 2 次日韓協約」を結んだのは1905年。「第 3 次日韓協約」を結んだのは1907年。「伊藤博文が暗殺された」のは1909年。「朝鮮総督府を設置した」のは1910年。したがって，**ト**と**チ**の間のできごとである。

問 4．**甲**には井上馨，**乙**には大隈重信の条約改正交渉の内容が入る。

アは大隈重信の改正交渉の内容で，「イギリスの新聞」とは「ロンドン＝タイムス」を指す。**イ**は「欧化主義への反感」などから，井上馨の交渉内容であることがわかる。

エ．大隈重信の改正交渉では改正予備会議は開かれていない。「対外硬派団体」とは玄洋社のこと。

問 5．④誤文。賠償金 2 億 両（テール）を日本に支払うことは，1895年の下関条約によって定められた。日露戦争後，日本はロシアから賠償金を受け取っていない。

問 6．**ア**．国際連盟は1920年，第一次世界大戦後に設立された。国際連合は1945年，第二次世界大戦後に発足した。

イ．1922年のワシントン海軍軍縮条約で主力艦の保有が制限され，1930年のロンドン海軍軍縮条約によって補助艦の保有比率が定められた。

問 7．①『赤い鳥』は1918年に鈴木三重吉が創刊した児童文芸雑誌。

②『国民之友』は1887年に徳富蘇峰によって創刊された民友社の機関誌。

③『キング』は1925年に大日本雄弁会講談社から創刊された大衆雑誌。

④『太陽のない街』は徳永直が発表したプロレタリア文学の代表作で，1929年に『戦旗』に連載された。

第 6 問　問 1．樺太・千島交換条約が調印される以前の日露間の国境は，1854年に結ばれた日露和親条約によって，択捉島以南が日本領，得撫島以北がロシア領とされ，サハリン（樺太）は日露両国人雑居の地と定められた。したがって，地図のⅡが国境線となる。ちなみにⅠの左が国後島，右が択捉島，Ⅱの右が得撫島，Ⅲの右が新知島である。

問 2．①正文。宮中の事務を担当する宮内省は閣外に置かれることになった。

②誤文。フランスではなくドイツが正しい。

③誤文。治安維持法は1925年，加藤高明内閣の時に制定された。ここでは治安警察法が正しい。また，「皇居外 3 里の地に追放」することは，1887年制定の保安条例で定められた。

④誤文。最初の政党内閣は1898年に成立した第 1 次大隈重信内閣である。板垣退助が内務大臣になったので，頭文字をとって隈板内閣とも呼ばれる。陸・海軍大臣以外はすべて憲政党員で構成された。

問 3．**ア**．鉄道国有法は1906年，第 1 次西園寺公望内閣の時に制定された。

イ．日本鉄道会社は1881年に華族の出資で設立され，1891年に上野〜青森間が全通した。

ウ．東海道線が全通したのは1889年である。したがって**ウ**➡**イ**➡**ア**の順となる。

問 4．**X**．「読書」は白馬会を結成した黒田清輝の作品。a．橋本雅邦は日本画家として活躍し，「竜虎図」などの代表作がある。

Yは横山大観の代表作「無我」である。c．「某婦人の肖像」は岡田三郎助の代表作である。

問 5．①正文。1910年に韓国併合条約を締結し，韓国を植民地化した。

②正文。友愛会は労資協調的な性格が強い団体であるが，1919年に大日本労働総同盟友愛会と改称し，1921年に日本労働総同盟に発展すると階級闘争主義的性格を強めた。

③誤文。五・四運動は1919年に中国で起こった反日運動である。1919年に朝鮮で起こった独立要求運動は三・一独立運動である。

④正文。1919年のヴェルサイユ条約によって，日本は山東省の旧ドイツ権益の継承を認められたほか，太平洋の赤道以北にあるマリアナ諸島・マーシャル諸島・カロリン諸島・パラオ諸島などを含む旧ドイツ領南洋諸島の委任統治権を得た。

問6．(1)**ア**．日本の高度経済成長を牽引したのは，設備投資と技術革新である。終身雇用は年功序列型賃金や企業別組合などとともに日本的労使関係の特徴である。

イ．IMF8条国に移行したことによって貿易・為替の自由化が図られ，OECD(＝経済協力開発機構)に加盟したことによって，資本の自由化が義務づけられた。こうして開放経済体制に移行したことによって，日本経済は世界経済との競争環境に置かれることになった。

(2)**X**．正文。農業人口の都市部流出によって，農村では専業農家が減少し，農業以外の収入に頼る第2種兼業農家の数が増大するとともに，「じいちゃん・ばあちゃん・かあちゃん」が農作業を担う三ちゃん農業が見られるようになった。

Y．正文。減反とは，米の作付面積を減らして米の生産を抑制させる政策である。政府は農家に対して，はじめは奨励金を出していたが，休耕田に対する奨励金支給は途中で打ち切られ，米以外の作物を栽培させる転作に重点を置くようになった。

問7．〔**地域**〕a．尚巴志が統一王朝として琉球王国を築いたのは1429年である。

b．小笠原諸島は1876年にアメリカ・イギリスの承認を得て日本が領有を宣言した。

c．薩摩藩では藩政改革の一環として，奄美大島・徳之島・喜界島の奄美三島で生産される黒砂糖の専売を強化した。

〔**史料**〕**ア**．1行目に「琉球諸島」とあるので，1971年に結ばれた沖縄返還協定と判断する。したがって，組み合わせる地域はaである。

イ．項目2の2行目に「小笠原諸島」とあるので，1968年に結ばれた小笠原返還協定と判断する。したがって，組み合わせる地域はbである。

ウ．1行目に「奄美群島」とあるので，1953年に結ばれた奄美群島返還協定と判断する。したがって，組み合わせる地域はcである。

問8．a．誤文。女性の民権運動家としては，京都出身の岸田(中島)俊子や岡山出身の景山(福田)英子，高知出身の楠瀬喜多らが知られている。

b．正文。小作争議は1920年代以降に発生件数，参加人員ともに増大した。

c．正文。「閥族打破・憲政擁護」をスローガンに1912年に第一次護憲運動が起こり，立憲政友会の尾崎行雄や立憲国民党の犬養毅を中心に，都市民衆や商工業者も加わり，第3次桂太郎内閣の倒閣運動を展開し，1913年に桂内閣を退陣に追い込んだ(＝大正政変)。

d．誤文。日米新安全保障条約は1960年に自然成立し，1970年に自動延長となった。

第2部　図版・史料問題／解答・解説

第1章　原始・古代

1　旧石器時代の石器と遺跡

解答　問1．(1)—a　(2)—b　(3)—a　(4)—b　(5)—a
(6)—a　問2．②

解説　問1．(2)旧石器時代には打製石器だけが用いられ，新石器時代には打製石器と磨製石器が併用された。
(3)Aは形状から楕円形石器と総称され，握槌や握斧はその一つの形態である。
(4)Bは石刃で，ナイフ形石器・ブレイドなどとも呼ばれる。石錐は，先端が錐状になった石器で，穴をあける時に用いられたと考えられる。
(5)Cは尖頭器で，ポイントとも呼ばれる。
(6)Dはマイクロリス・細石刃などとも呼ばれ，旧石器時代の終わりごろに出現した。
問2．資料出典は相沢忠洋の『岩宿の発見』。「赤城山麓の赤土」が決め手。「赤土」とは，更新世の地層（関東ローム層）のことである。相沢忠洋は1946年に②の岩宿遺跡で黒曜石の槍先形の石器（打製石器）を発見し，旧石器文化解明の端緒を開いた。①は青森県の三内丸山遺跡。③は静岡県の登呂遺跡。④は奈良県の唐古・鍵遺跡。

2　縄文時代の道具と人々の生活

解答　問1．(1)—a　(2)—b　(3)—b　(4)—a　(5)—b
問2．①

解説　問1．(1)石鏃は弥生時代にも用いられた。石錘は漁労で用いられた石の錘である。
(2)ナイフ形石器は旧石器時代に用いられた打製石器，石匙は新石器時代に登場した磨製石器である。
(3)石斧は農耕具や利器として用いられた。
(4)石皿はすり石やたたき石などと組み合わせて使う石器で，植物性の食料を押しつぶしたり粉化させる時に用いられたと考えられる。
(5)釣針などの骨角器は，動物の牙や骨，角などでつくられた。
問2．②③は弥生時代のこと。三内丸山遺跡の調査によれば，縄文時代にも掘立柱の建造物（高床式の倉庫）があったことが推定され，現在では復元された建物を見ることができるが，竪穴住居は日当たりのよい台地に，中央の広場を取り囲むように環状に築かれるのが一般的なので，「高床式の倉庫と，これをとりまく竪穴住居群」という表現は誤り。
④縄文時代にも共同墓地はあったが，副葬品をともなわないのが特徴である。

3　縄文時代の遺物と社会の特徴

解答　問1．(1)—a　(2)—b　(3)—b　(4)—a　(5)—b
(6)—a　問2．④

解説　問1．(2)土偶は「土」でつくった「偶」像。埴輪は古墳時代に土留めや装飾用として製作された。
(4)菜畑遺跡は佐賀県に所在する縄文晩期から弥生初期にかけての遺跡である。
(5)土偶には妊婦をかたどったものが多い。
(6)アニミズムとは，自然の木や岩などに霊力が宿るとしてそれを崇拝の対象として信仰する精霊崇拝のことである。シャーマニズムとは，巫女が神がかりして神意を示す原始的な信仰形態である。日本では，邪馬台国の女王卑弥呼がシャーマン的性格が強いと考えられる。
問2．①②正文。屈葬も抜歯もアニミズムの影響を反映した習俗である。
④誤文。「畿内」が誤り。支石墓は朝鮮半島南部の影響を受けた墓制で，九州北部に見られた。

4　縄文〜弥生時代の土器と遺跡

解答　問1．(1)—b　(2)—a　(3)—b　(4)—a　(5)—b
(6)—b　(7)—b　(8)—a　(9)—b　(10)—a　(11)—b　(12)—b　(13)—a　(14)—a　(15)—a　問2．②

解説　問1．(1)旧石器時代は更新世，新石器時代は完新世である。
(6)縄文時代は，草創期・早期・前期・中期・後期・晩期の6期に分けられる。
(12)甑は米を蒸す時に用いられた。
(14)大森貝塚は1877年にアメリカの動物学者モースが発見した遺跡で，貝塚研究の端緒となった。
(15)弥生時代は，前期・中期・後期の3期に分けられる。
問2．X．三内丸山遺跡は青森県に所在する。Y．吉野ヶ里遺跡は佐賀県に所在する。bは静岡県の登呂遺跡，cは奈良県の唐古・鍵遺跡である。

5　弥生時代の農具と遺跡の特徴

解答　問1．(1)—a　(2)—b　(3)—a　(4)—a　(5)—b
(6)—b　(7)—a　問2．④

解説　問1．(1)鉄器は農具や工具に用いられ，青銅器は祭祀や権威の象徴として用いられた。
(3)鉄鎌は稲の根刈りに用いられた。
(6)田下駄は日本人の履物のルーツと考えられている。
問2．①誤文。「温暖化によって海面が上昇していた」と「貝塚」から，縄文時代のことと判断する。
②誤文。「硬質で灰色の土器」とは，5世紀に朝鮮半島から伝来した技術で焼成された須恵器のことである。
③誤文。「ナウマンゾウやオオツノジカの化石」がヒント。また「狩猟や解体に用いられたと考えられる石器」から打製

石器を想起して，旧石器時代のことと判断する。

④正文。「防衛的機能を備えていた」から，弥生時代に築かれた高地性集落や環濠集落を考えればよい。

6 青銅器の用途と分布

解答　問1．(1)—a　(2)—a　(3)—a　(4)—a　(5)—b
(6)—b　(7)—a　(8)—b　(9)—b　(10)—b　問2．②

解説　問1．(2)銅鐸は朝鮮半島の鈴を起源とし，日本に伝来したのちに大型化して「聞く」銅鐸から祭器としての「見る」銅鐸にかわった。

(9)荒神谷遺跡は島根県斐川町神庭に所在するので，神庭荒神谷遺跡ともいう。

(10)加茂岩倉遺跡は荒神谷遺跡の近くに所在する。纏向遺跡は奈良県桜井市に所在する古墳前期の遺跡で，卑弥呼の墓ともいわれる箸墓古墳も含まれていることなどから，邪馬台国近畿説を裏づける遺跡としても知られている。

問2．②誤文。木製農具の製作に用いられたのは青銅器ではなく，鉄器や石器である。

7 「漢委奴国王」の金印

解答　問1．(1)—b　(2)—a　(3)—b　(4)—b　(5)—a
(6)—a　(7)—b　(8)—a　(9)—b　(10)—a　問2．②

解説　問1．(1)(2)(3)『後漢書』東夷伝には「建武中元二年（＝57年）」に朝貢した奴国王に対し，「光武，賜ふに印綬を以てす」という記事がある。

(4)1784年に甚兵衛という農夫によって発見された。

(6)鷹島は1281年の弘安の役の際に，東路軍と江南軍がこの島付近で合流したとされる。

(9)朱肉につけて押印した場合，文字部分が赤くなるように文字の周囲を彫る彫り方を陽刻といい，文字部分が白くなるように文字そのものの部分を彫る彫り方を陰刻という。

(10)このような印は，文書に押す認め印ではなく，封印のために用いられたものである。

問2．①誤文。紀元前1世紀のことで，『漢書』地理志に記されている。

②正文。倭の奴国王が57年に後漢に朝貢し，光武帝から印綬を授けられたことは『後漢書』東夷伝に記されている。

③誤文。卑弥呼が使者を派遣したのは239年で，『魏志』倭人伝に記されている。

④誤文。壱与が使者を派遣して西晋に朝貢したのは266年である。

8 律令制度—中央官制と戸籍

解答　問1．(1)—b　(2)—b　(3)—b　(4)—b　(5)—b
(6)—a　(7)—a　(8)—b　(9)—a　(10)—b　問2．②

解説　問1．(1)舎人親王は天武天皇の皇子で，720年に

完成した『日本書紀』の編纂において中心的な役割を果たした。

(2)養老律令は元正天皇の時，718年に藤原不比等によって編纂され，757年，孝謙天皇の時に藤原仲麻呂によって施行された。内容的には大宝律令と大差はない。

(3)太政大臣は常置ではなく，適任者がいない場合は置く必要はなかったので，「則闕の官」とも呼ばれた。

(4)宮内省は右弁官に属し，宮中の庶務を担当した。

(5)治部省は左弁官に属し，僧尼や外交事務などを司った。

(6)式部省は左弁官に属し，教育・学校関係の事務も担当した。兵部省は武官の人事や軍事を担当した。

(7)民部省は左弁官に属し，戸籍・租庸調の税務など民政一般を担当した。古代の律令制下には文部省は存在しない。

(8)教育行政を担う中心官庁として，文部省が設置されたのは1871年である。

(9)弾正台は，二官八省一台五衛府の「一台」に相当する官吏の監察機関である。

(10)嵯峨天皇の時に検非違使が新設されたことによって，刑部省・京職・弾正台・五衛府などの警察機能が検非違使に吸収された。

問2．①正文。戸主が秦部長日で，その妻が家部須加代売であることから判断する。

②誤文。戸籍には秦部麻呂の妻の名前が見えないので，牛麻呂・鳥売・阿由提売の3人の子の母親が「秦部」姓であったかどうかは判断できない。

③正文。秦部小日は秦部長日の弟である。

④正文。戸籍の最下段に「田部 勝 等許太利」とあり，右側に「羊 売の男」とあるので，等許太利は秦部羊売の子であると判断できる。しかし羊売の夫の名前が見えないので，等許太利の姓が田部勝であることと考え合わせると，④のような解釈も可能である。

9 五畿七道と古代の宮都

解答　問1．(1)—a　(2)—b　(3)—b　(4)—b　(5)—a
(6)—a　(7)—b　(8)—b　(9)—a　(10)—a　(11)—b　(12)—a　(13)—b　(14)—b　(15)—a　(16)—a　(17)—a　(18)—a　(19)—a　(20)—a　(21)—a　(22)—b　問2．②

解説　問1．(1)和泉国は8世紀中ごろに河内国から分離独立して一国を成した。畿内は京師を囲む王城の地だったため，京・畿内に対しては庸を免除するなど，民政上の優遇措置がとられた。

(2)近江国には大津宮や紫香楽宮が置かれたが，近江国は畿内ではなく東山道に含まれた。東山道は陸奥・出羽・上野・下野・信濃・飛騨・美濃・近江の8か国。

(3)(4)東海道には常陸国から伊賀国まで15か国が含まれる。

(5)(6)南海道は，阿波・讃岐・伊予・土佐・紀伊・淡路の6

か国。

⑺⑻山陽道は播磨・備前・美作・備中・備後・安芸・周防・長門の8か国。

⑼⑽山陰道は丹波・丹後・但馬・因幡・伯耆・出雲・石見・隠岐の8か国。

⑾⑿北陸道は越後・佐渡・越中・能登・加賀・越前・若狭の7か国。

⒀⒁西海道は筑前・筑後・肥前・肥後・豊前・豊後・日向・薩摩・大隅・壱岐・対馬の11か国で，大宰府が統括した。

⒆イタリア人宣教師ヨハン＝シドッチが潜入した屋久島や僧 俊寛が流された喜界島も大隅国に属する。

⒇山陽道は，軍事的・文化的にも要路として重視された。

問2．難波長柄豊碕宮に遷都したのは645年。平城京遷都は710年。山背国葛野郡宇太村に造営されたのは平安京で，794年に遷都。

史料aは741年の国分寺建立の詔の一節なので，発布時期はウ。史料bは684年の八色の姓なので，制定時期はイである。

10 平城京平面図の読み方

解答 問1．⑴─b ⑵─a ⑶─b ⑷─a ⑸─b ⑹─a ⑺─b ⑻─b ⑼─b ⑽─b ⑾─b ⑿─a ⒀─a ⒁─b ⒂─b ⒃─b ⒄─a ⒅─a ⒆─a ⒇─b 問2．⑧

解説 問1．⑵藤原京は，北魏の洛陽などをモデルに造営された都で，はじめて都城制が取り入れられ，持統・文武・元明天皇3代の宮都となった。

⑶洛陽は後漢，魏，西晋，北魏の都となった。長安は前漢・隋・唐など6王朝の都である。

⑷条坊制は都市の区切り方，条里制は田地の区切り方である。

⑸南大門は，寺院に設けられた南門のこと。

⑹応天門は，平安京の内裏にある朝堂院の正門で，朱雀門の北側に位置する。

⑺若宮大路は，鎌倉の鶴岡八幡宮から海に向かってのびる大路である。

⑻大極殿は，天皇の即位や大嘗祭など重要な儀式を行うための建物である。内裏は天皇の居所としての建物で，正殿である紫宸殿を中心に清涼殿や仁寿殿などが配置されている。

⑼城壁は周囲にはなく，羅城門がある南面の一部分だけに築かれた。

⑿興福寺や元興寺は外京，大安寺や法華寺は左京，西大寺や唐招提寺，薬師寺は右京に設けられた。法隆寺は平城京の京域内ではなく，斑鳩の地にある。

⒀東大寺正倉院も藤原氏の氏神である春日神社も平城京の京域外にある。

⒃日の出から日の入りまで開かれていたのは関所である。

⒄市 司 は京職に所属していた。大倭とは邪馬台国の各地で開かれた市の監督官。

⒆⒇長屋王の邸宅跡は1988年に発掘調査が行われ，大量の木簡が出土した。

問2．Ⅰ．持統天皇の歌で，出典は『万葉集』。「天の香具山」から，関係する宮都は藤原京（＝c）である。

Ⅱ．平忠度の歌で，出典は『千載和歌集』。「志賀の都」は近江国の大津宮（＝a）。「さざなみの」は「志賀」にかかる枕詞である。

Ⅲ．田辺福麻呂の歌で，出典は『万葉集』。「くにのみやこ」は山背国に営まれた恭仁京（＝b）を指す。聖武天皇は藤原広嗣の乱の翌741年に恭仁京で国分寺建立の詔を発布した。奈良時代の宮都に関係の深いのはbだけである。

11 奈良時代の藤原氏

解答 問1．⑴─b ⑵─b ⑶─b ⑷─a ⑸─b ⑹─a 問2．③

解説 問1．⑴藤原氏京家の祖は麻呂である。

⑵ ア には藤原仲麻呂が入る。764年に乱を起こしたが，近江で斬殺された（＝恵美押勝の乱／藤原仲麻呂の乱）。

⑶藤原氏北家の祖は房前である。

⑷⑸ イ には藤原広嗣が入る。橘諸兄政権を支えた玄昉・吉備真備を除こうと740年に大宰府で挙兵したが敗死した。

⑹聖武天皇は山背国の恭仁京に遷都し，741年に国分寺建立の詔を発布した。紫香楽宮は近江国に営まれ，743年に大仏造立の詔が発布された。

問2．③誤文。橘諸兄ではなく，長屋王が正しい。藤原不比等が720年に死去した後，長屋王（はじめ右大臣，のち左大臣）が政治的実権を掌握すると，不比等の子の武智麻呂・房前・宇合・麻呂は策謀で長屋王を自殺に追い込み，不比等の娘の光明子を聖武天皇の皇后にたてることに成功した。

12 伽藍配置の変遷と古代の寺院

解答 問1．⑴─a ⑵─b ⑶─a ⑷─a ⑸─b 問2．⑤

解説 問1．⑶飛鳥寺式伽藍配置では，中金堂・西金堂・東金堂の3つの金堂が塔を囲む配置であった。薬師寺式伽藍配置では，歩廊に囲まれた内部に東塔と西塔が配置されていた。

問2．Ⅰ．「国ごとに二つずつの寺院」とは国分寺と国分尼寺を指す。「鎮護国家」というキーワードと関連させて奈良

時代のことと判断する。

Ⅱ.「二人の僧」とは最澄と空海,「それぞれ新しい宗派」とは天台宗と真言宗。「山の中の寺院」とは比叡山延暦寺と高野山金剛峯寺を指す。したがって平安初期と断定する。

Ⅲ.「中国の南北朝時代の仏教文化」から,北魏様式・南梁(りょう)様式で制作された仏像を想起し,飛鳥文化の時代と考える。

13 東北経営の進展

[解答] 問1.(1)—b (2)—a (3)—b (4)—a (5)—a (6)—b (7)—a (8)—b (9)—b (10)—b (11)—a (12)—b (13)—b (14)—a (15)—b (16)—b (17)—b (18)—a (19)—a (20)—b 問2.③

[解説] 問1.(5)阿倍比羅夫(あべのひらふ)は船団を組織して日本海側を北上し,津軽地方の蝦夷を討ち,660年には北方の部族粛慎(はせ)を征したという。阿曇野比羅夫(あずみのひらふ)は白村江の戦いの際に阿倍比羅夫とともに活躍した武将である。

(7)青森県は陸奥国に属した。

(8)最上川(もがみがわ)は山形県,雄物川(おものがわ)は秋田県を流れる河川である。

(10)陸奥将軍府は建武の新政の時に多賀城跡に置かれ,後醍醐天皇の皇子成良(なりよし)親王が任じられ,北畠顕家(きたばたけあきいえ)の補佐を受けた。

(12)紀広純(きのひろずみ)は780年に伊治呰麻呂(これはりのあざまろ)によって殺害された陸奥国の按察使(あぜち)である。

(13)坂上苅田麻呂(かりたまろ)は坂上田村麻呂の父である。

(16)藤原緒嗣(おつぐ)は農民負担を軽減するためには,平安京造営と蝦夷征討の2大事業を中止すべきと主張した。

(17)文屋康秀(ふんやのやすひで)は平安前期の歌人で,六歌仙の一人。

(18)徳丹城(とくたんじょう)は水害に悩まされた志波城を移転して築かれた城である。

(19)藤原清衡(きよひら)は藤原経清(つねきよ)の子で,奥州平泉に中尊寺金色堂を建立し,子の基衡(もとひら),孫の秀衡(ひでひら)とともに3代にわたって栄華を極めた。清原家衡(いえひら)は清原武則(たけのり)の孫。

(20)平泉は胆沢城の南側に位置している。

問2.X.「国府が置かれていたこの城柵」とは724年に設置された多賀城(現宮城県)のこと。多賀城には国府と鎮守府が併置された。

Y. 阿弖流為(あてるい)は胆沢地方に勢力を張った蝦夷の族長である。征夷大将軍坂上田村麻呂は802年に胆沢城(現岩手県)を築いて鎮守府を多賀城から移し,阿弖流為を降伏させた。aは647年に築かれた磐舟柵(いわふねのさく)(現新潟県),dは733年に築かれた秋田城である。

14 平安時代の藤原氏

[解答] 問1.(1)—b (2)—a (3)—a (4)—b (5)—b (6)—b (7)—a (8)—a (9)—a (10)—a 問2.⑤

[解説] 問1.(1)初代の蔵人頭には藤原冬嗣と巨勢野足(こせののたり)が任じられた。

(3)応天門の変は866年で,藤原良房によって伴善男(とものよしお)らが排斥された。

(4)橘諸兄は光明皇后の異父兄にあたる人物で,奈良時代の8世紀前期に政治的実権を掌握した。承和の変で,伴健岑(とものこわみね)は隠岐に,橘逸勢は伊豆に配流となった。

(6)藤原基経は宇多天皇の時,887年に正式に関白となった。

(7)菅原道真は藤原時平の讒言(ざんげん)によって,901年に大宰権帥(ごんのそち)に左遷された(=昌泰(しょうたい)の変)。源高明は969年の安和の変で大宰権帥に左遷された。

(8)阿衡の紛議とは,「阿衡」の字句をめぐって藤原基経が887年に政務を一時ボイコットしたため,宇多天皇は勅書を起草した橘広相(ひろみ)を888年に処罰し,基経を政務につかせて事態の収拾を図った一件である。

(10)藤原頼通は宇治に平等院鳳凰堂を営んだので「宇治関白」または「宇治殿」とも呼ばれた。藤原道長は法成寺(ほうじょうじ)を営んだので「御堂(みどう)関白」とも称されたが,道長自身は関白に就任してはいない。

問2.Ⅰ.藤原基経は光孝天皇の時,884年に実質的な関白となり,887年,宇多天皇の時に正式に関白になった。

Ⅱ.菅原道真が藤原時平の讒言によって大宰権帥に左遷されたのは901年で,醍醐天皇の時である。

Ⅲ.藤原良房は858年に実質的に摂政となり,866年の応天門の変の後に正式に摂政に就任した。

15 荘園絵図の読み方

[解答] 問1.(1)—b (2)—b (3)—a (4)—a (5)—a (6)—a (7)—b 問2.①・⑤・⑦

[解説] 問1.(1)神護寺の両界曼荼羅は,弘仁・貞観文化を代表する密教絵画である。

(3)静川以北に集落は描かれていない。

(4)馬借・車借は室町時代に活躍した運送業者なので,絵に見る時代には存在していない。

(5)志富田荘は桛田荘の南側に位置している。

(6)「堂」は仏堂なので寺院,「八幡宮」は八幡神なので神社を示している。

(7)神仏習合は奈良時代から1868年の神仏分離令まで続いた。

問2.②誤文。荘園内には山林原野も含まれているので,「水田地区」だけを指すのではない。

③誤文。桛田荘の南側には志富田荘,西側には名手荘が見えるので,周囲の土地も荘園であることが読み取れる。

④誤文。家屋の集まりは3カ所ではなく,4カ所である。

⑥誤文。定期市の店棚のようすはこの絵には描かれていない。

8

16 原始・古代の絵画

解答 問1.(1)—b (2)—b (3)—a (4)—a (5)—a
(6)—a (7)—a (8)—b (9)—b (10)—a 問2.⑥

解説 問1.(1)「青銅器」とあるので,用いられたのは弥生時代。
(5)高松塚古墳壁画は1972年に発見された。壁面には玄武・青竜・白虎,男女像,天井には星宿が描かれている。
(6)白雉は大化に続く孝徳天皇の時代の年号で,650～654年まで。
(7)鳥毛立女屏風は正倉院に伝わる世俗画で,樹下美人図とも呼ばれる。「屏風」といっても現在では画面しか残っておらず,屏風の形態をなしていない。
(8)不動明王像は密教の盛行とともに絵画や彫刻として制作された。絵画では園城寺黄不動,彫刻では一木造で制作された教王護国寺不動明王像などが知られている。両界曼荼羅は金剛界曼荼羅と胎蔵界曼荼羅で一対を構成する。
(9)(10)主宰する仏によって,阿弥陀如来の極楽浄土,薬師如来の瑠璃光浄土,釈迦如来の霊山浄土など,さまざまな浄土がある。
問2.Aは高松塚古墳壁画で白鳳文化。Bは銅鐸で弥生文化。Cは薬師寺吉祥天像で天平文化。Dは高野山聖衆来迎図で国風文化。Eは教王護国寺の両界曼荼羅(金剛界)で弘仁・貞観文化。したがって,B→A→C→E→Dの順となる。

第2章 中世
17 鎌倉要図

解答 問1.(1)—a (2)—b (3)—b (4)—b (5)—b
(6)—b (7)—a (8)—a (9)—b (10)—a (11)—b (12)—b (13)—a 問2.④

解説 問1.(1)千葉常胤は1180年の石橋山の戦いに敗れて安房に敗走した源頼朝を助け,鎌倉の経営を勧めた武将である。大庭景親は石橋山の戦いで頼朝方を破った平家側の武将。
(2)(3)前九年合戦に際して源頼義が石清水八幡宮を勧請していた。
(4)円覚寺は無学祖元が開山にあたった。寿福寺は北条政子が創建して栄西が開山した。
(13)北条守時は鎌倉幕府最後の第16代執権である。
問2.①誤文。公文所と問注所は1184年に設置された。
②誤文。右近衛大将に就任したのは1190年。
③誤文。北陸道は源義仲の勢力に鑑み,東国沙汰権の対象外となった。
④正文。鎌倉幕府の開設時期として,現在では1185年が最も有力な説となった。

18 鎌倉幕府の職制と御家人支配

解答 問1.(1)—a (2)—b (3)—a (4)—a (5)—b
(6)—b (7)—b (8)—a (9)—a (10)—a (11)—a (12)—b (13)—b (14)—b (15)—b (16)—b (17)—b 問2.③

解説 問1.(1)梶原景時は侍所別当を補佐した侍所所司で,1200年に排斥された。
(2)和田義盛は武家出身,大江広元と三善康信は公家出身である。
(3)預所は上級荘官の呼称の一つである。
(4)三善為康は平安時代の文人・算博士で,仏道にも帰依して『拾遺往生伝』などを著した。
(5)京都大番役とは内裏の諸門の警固にあたった御家人役の一つで,大番催促といって守護が統率の任にあたった。
(6)霜月騒動は1285年に平頼綱が安達泰盛一族を滅ぼした事件。承久の乱は1221年で,同年に六波羅探題が設置された。
(8)鎮西奉行は,蒙古襲来ののち,1293年に鎮西探題に発展した。
(9)奥州総奉行は奥州の御家人統率のために1189年に設置された。奥州探題は陸奥を統治するために足利尊氏が設置した。
(11)段別5升の加徴米は新補地頭の得分である。
(15)引付衆は5代執権北条時頼が1249年に,裁判の公平・迅速化を図るために設置した。
(16)頼朝が右近衛大将になったのは1190年である。
(17)1183年は,頼朝が寿永二年の十月宣旨で後白河法皇から東海・東山道の支配権(=東国沙汰権)を獲得した年である。
問2.③誤文。源頼朝は1199年に死去したので,六波羅探題にはかかわっていない。六波羅探題は1221年の承久の乱の際に,それまでの京都守護にかえて設置された。

19 北条氏の系図と執権政治

解答 問1.(1)—a (2)—b (3)—b (4)—a (5)—a
(6)—a (7)—b (8)—b (9)—a (10)—b (11)—a
問2.②

解説 問1.(1)畠山重忠は北条義時と戦って1205年に敗死した。
(2) ア には泰時が入る。評定衆は重要政務の合議・裁定のために設置され,北条氏一門と有力御家人の中から選任された。
(4) イ には時頼が入る。1247年に三浦泰村一族が滅ぼされた(=宝治合戦)。
(5)(6)摂家将軍は九条頼経と子の九条頼嗣の2代で終わり,その後は後嵯峨上皇の皇子宗尊親王が第6代将軍(皇族将軍・宮将軍・親王将軍)として迎えられた。守邦親王は鎌倉幕府最後の第9代将軍である。
(7)文禄の役は豊臣秀吉の時代,1592年に行われた朝鮮派兵

のこと。

(8)石塁は石築地ともいい，博多湾岸に築かれた。水城は白村江の戦いの後，唐・新羅の侵攻に備えて大宰府の北方に築かれた堤である。

(9)霜月騒動が起こったのは1285年，北条貞時の時。宝治合戦が起こったのは1247年，北条時頼の時である。

(11)長崎高資は北条高時の寵臣。日野資朝は1324年の正中の変後に佐渡に流された公家で，元弘の変に際して佐渡で斬殺された。

問2．X．正文。史料文の1〜2行目に記されている。
Y．誤文。史料4行目に，20年以上支配していれば，公領であろうが私領であろうが，本来の持ち主はその土地を取り戻すことはできない旨が記されている。

20　鎌倉時代の武士の生活
解答　問1．(1)—a　(2)—b　(3)—a　(4)—a　(5)—b　(6)—b　(7)—b　(8)—a　(9)—a　(10)—a　(11)—b　(12)—a　(13)—b　問2．④
解説　問1．(1)清浄光寺は藤沢市にある時宗の総本山で，遊行寺とも呼ばれる。そこから考えて一遍上人絵伝と判断する。

(2)「平安時代の貴族の邸宅」とあるので寝殿造。書院造は室町時代後半に出現する。

(3)実際の絵図では畳表の藺草の色が鮮明に描かれ，装飾的目的も備えた畳縁も見える。

(4)渡殿とは，寝殿造に見られた寝殿と対屋の間に設けられた連結廊のこと。

(6)矢倉には武器を収納したが，この絵では刀剣ではなく弓矢や楯が見える。

(9)直営地である佃は正作・用作・手作地などともいい，下人・所従に耕作させた。

(11)門前に琵琶をもった盲目の僧の姿は見られない。

(13)題目とは日蓮宗で唱える「南無妙法蓮華経」の七文字のこと。

問2．①誤文。武士が城下町に集住することを義務づけられたのは戦国時代で，朝倉氏の分国法『朝倉孝景条々』などに見られる。
②誤文。鎌倉時代の所領相続法は，はじめは分割相続であったが，鎌倉時代後期になるとしだいに嫡子単独相続に移行した。したがって，「鎌倉時代を通じて」という表現も誤りである。
③誤文。寄親・寄子制ではなく惣領制が正しい。寄親・寄子制は戦国大名の家臣団に見られた軍事的な協力体制である。
④正文。流鏑馬・犬追物に笠懸を加えて騎射三物という。

21　鎌倉時代の定期市のようす
解答　問1．(1)—a　(2)—b　(3)—b　(4)—a　(5)—b　(6)—a　(7)—b　(8)—a　(9)—a　(10)—a　問2．②
解説　問1．(1)福岡市は山陽道に開かれた定期市である。

(2)伴野市は信濃国に開かれた定期市である。

(4)仮屋の前には，布を手にもった女性が見える。

(6)岡山県なので備前焼とわかる。瀬戸焼は愛知県瀬戸市周辺で生産された焼き物である。

(7)空也は10世紀に京都で活躍したので，時期的にも場所的にも該当しない。

(9)市は寺社の門前や交通の要地，河原・中州・浜辺などで開かれた。

(10)鎌倉時代には月3回開かれる三斎市，室町時代には月6回の六斎市が開かれるようになった。

問2．②正文。絵巻物は，内容を示す詞書とそれに対応する絵を交互に配列して，場面を右から左に移動させる技法で描かれている。

22　武士の荘園侵略
解答　問1．(1)—a　(2)—b　(3)—b　(4)—a　(5)—b　(6)—b　(7)—a　(8)—b　問2．①
解説　問1．(1)伯耆国は現在の鳥取県，現在の島根県は旧石見国・出雲国・隠岐国にあたる。

(2)(3)(8)鎌倉時代に地頭は地頭請・下地中分によって荘園侵略を進め，在地領主権を強化した。

(5)示談で下地中分が行われた場合，それを和与中分という。

(6)花押とは，自書を変化させた一種のサインのようなもので書判ともいう。

問2．①誤文。「東国に限定」と「西国の荘園で起こることはなかった」が誤り。承久の乱後には，西国にも新補地頭が補任された。
②正文。下地中分には，強制中分と話し合いによる和与中分があった。
④正文。1275年の「阿氐河荘民訴状」では，地頭湯浅氏の非法が荘園領主である寂楽寺に訴えられた。

23　鎌倉時代の産業
解答　問1．(1)—b　(2)—b　(3)—a　(4)—a　(5)—a　問2．②
解説　問1．(1)鋳物師とは，鍋や釜のほかに武具や農具など鋳物を製作した職人のことである。

(2)南北朝時代に中国から大鋸が伝来する以前，木材を縦方向に切断する場合は鑿が用いられていた。

(3)現在用いられている台がんなが一般的に普及するのは，安土桃山時代以降と考えられている。

(4)リード文に「はじいて」とあるので，墨壺から引き出した墨糸が正解。

(5)曲尺は直角に曲がった金属製の物差しのことである。

問2. 写真は「松崎天神縁起絵巻」に描かれた北野社造営の一場面である。

①誤文。当時はまだ大形ののこぎり（＝大鋸）は存在しない。大鋸は南北朝時代の末期に中国からもたらされた。

③誤文。「手斧」を使っている。

④誤文。手に「曲尺」をもっている。

24 寺院の建築様式と鎌倉文化の特徴

解答 問1. (1)—b (2)—a (3)—a (4)—b (5)—b
問2. ①

解説 問1. (1)平重衡は平清盛の子で，清盛の命で反平氏勢力の拠点だった興福寺や東大寺を焼き打ちした。平維衡は伊勢平氏の祖とされ，その曽孫が平正盛である。

(2)重源は俊乗房ともいい，東大寺再建に尽力した。陳和卿は東大寺の大仏の首の修復にあたった宋の工人である。

(3)大仏様は，播磨の浄土寺浄土堂にも取り入れられた。

(4)禅宗様は，東京都の正福寺地蔵堂にも取り入れられた。

問2. ①正文。大仏様（天竺様）は，素朴で簡単な構造で豪放さや力強さを生み出す建築様式で，大型の建物を建てるのに適した工法である。

②誤文。禅宗様（唐様）は，細かい部材や急勾配の屋根を特徴とする。太い柱や厚い壁，連子窓は和様の特徴である。

③誤文。障壁画は安土桃山時代に発達した絵画である。

④誤文。鎌倉時代には優美な定朝様に対して，慶派仏師と呼ばれる奈良仏師が力強さに満ちた作品を制作した。

25 建武政権の政治機構と新政への批判

解答 問1. (1)—a (2)—b (3)—b (4)—b (5)—b
(6)—b (7)—a (8)—b (9)—b (10)—b 問2. ④

解説 問1. (1)大覚寺統は亀山天皇に始まる皇統で，鎌倉末期には後深草天皇に始まる持明院統と皇位をめぐって争い，両統迭立となった。

(2)「建武」は，後漢の光武帝の治世で使用された最初の年号である。

(4)雑訴決断所は鎌倉幕府の引付衆に相当する機関で，特に所領問題の紛争解決にあたった。

(5)護良親王も成良親王もともに後醍醐天皇の皇子で，護良親王は征夷大将軍に任じられた。

(7)義良親王も懐良親王もともに後醍醐天皇の皇子で，懐良親王は征西将軍となり，大宰府を占拠して九州を制圧したが，1371年に今川了俊が九州探題に任じられると勢力を失った。義良親王は後に即位して後村上天皇となった。

(8)天皇親政を取りながらも，諸国の守護勢力を無視するわ

けにはいかなかった。

(9)綸旨とは，天皇の意思を蔵人が奉じて出す文書で，建武の新政においては絶対万能とされた。宣旨も天皇の命令を伝える文書の一つの形式であるが，文書は太政官の外記などの役所で作成された。

(10)恩賞問題もさることながら，大内裏造営費用も武士に負担させたり増税によって賄おうとしたため，諸国の農民からも不満の声があがった。

問2. ②正文。「尊氏なし」とは，足利尊氏が建武新政府の要職についていないという意味である。

④誤文。楠木正成のような「下克上する成出者」の出現と公家没落の間には何の因果関係もない。

26 足利氏の系図

解答 問1. (1)—a (2)—b (3)—a (4)—b (5)—a
(6)—a (7)—b (8)—a (9)—b (10)—b 問2. ②

解説 問1. ア には直義， イ には義持， ウ には義視が入る。

(1)(2)足利直義側は法秩序を重視した鎌倉幕府的な新体制の確立を目指したのに対し，高師直らは武力による新体制の確立を目指したため両勢力は対立し，1350年から観応の擾乱に突入した。

(3)鎌倉府は関東における小幕府の感が強く，しばしば京都の室町幕府と対立した。

(4)鎌倉公方は鎌倉府の長官の呼称。関東管領は鎌倉公方の補佐役の呼称で，代々上杉氏が世襲した。

(5)柳の御所は，戦国時代につくられた将軍足利義晴の邸宅のこと。

(6)(7)1391年の明徳の乱で山名氏清が，1399年の応永の乱で大内義弘が敗死した。

(8)朱元璋は1368年に明を建国し，初代皇帝（＝洪武帝）となった。

(9)永享の乱は1438〜39年の事件で，4代鎌倉公方足利持氏が6代将軍足利義教の討伐を受けて自刃した。

(10)足利成氏が古河公方，足利政知は堀越公方となった。

問2. ①誤文。足利基氏は，足利尊氏の子である。

②正文。足利義満が太政大臣になったのは，1394年である。

③誤文。足利持氏は，永享の乱で1439年に自害した。

④誤文。足利成氏は古河公方，足利政知が堀越公方である。

27 室町幕府の職制と室町時代の事件

解答 問1. (1)—a (2)—a (3)—a (4)—a (5)—a
(6)—a (7)—a (8)—b (9)—b (10)—b 問2. ②・③

解説 問1. (1)将軍の権威は鎌倉幕府の方が小さかったため，執権が政治的実権を掌握し得た。

(3)室町幕府の侍所は，山城守護を兼務することが多かった。

(5)室町幕府で事務を執った人々を奉行人と呼んだ。

(6)蔵入地とは，戦国時代から江戸時代にかけての領主の直轄領の呼称である。

(9)足利持氏は4代目の鎌倉公方で，幕府に背いたために足利義教の討伐を受け，1439年に自害した(＝永享の乱)。

問2．史料は1441年の嘉吉の変について記した一節で，出典は『看聞日記』。6代将軍足利義教が播磨守護赤松満祐によって謀殺された事件である。史料文中の「公方」は足利義教のこと。

②正文。史料文中に「自業自得」とある。不吉な結果は，自分が行ったよくない行為に対する報いにもとづくという考えなので，この事件を冷ややかに受けとめているのがわかる。

③正文。史料文中に「諸大名同心か，その意を得ざる事なり」から判断できる。

28 室町時代の寺院

解答 問1．(1)—b (2)—a (3)—b (4)—a (5)—b
(6)—b (7)—b (8)—a (9)—b (10)—a 問2．③

解説 問1．(1)舎利殿(＝金閣)は足利義満が1397年に京都の北山第に造営した。

(2)寝殿造にも見られた釣殿が池の上に配置されている。

(5)足利義満の法号が「鹿苑院殿」だったので，鹿苑寺となった。金閣寺は俗称である。

(7)銀閣は1489年に創建された。

(8)書院造は今日の和風住宅建築の原型となった様式といわれる。

(10)足利義政の法号「慈照院殿」にちなんで，慈照寺となった。銀閣寺と通称で呼ばれるようになったのは金閣寺同様，江戸時代のことといわれている。

問2．③五山の上に列せられたのは南禅寺である。

29 住宅建築の特徴

解答 問1．(1)—a (2)—a (3)—b (4)—b (5)—a
(6)—b (7)—a (8)—b (9)—a (10)—a (11)—a (12)—b (13)—b (14)—a (15)—b (16)—a (17)—b (18)—a (19)—b (20)—a 問2．②

解説 問1．(1)寝殿造は平安時代の貴族の住宅建築様式。数寄屋造は桂離宮などに見られる様式で，江戸時代初期以降に発達し，茶室建築と書院造を融合させたような簡素な造りを特徴とする。

(2)柿葺の屋根は室生寺金堂などに見られる。

(9)標とは，特定の空間を限るために張るしめ縄のことである。

(12)慈照寺東求堂同仁斎は足利義政の書斎・持仏堂である。

問2．②誤文。書院造は南北朝時代に広まったものではな

く，禅宗の影響のもとに，室町時代の後半に生み出された建築様式で，今日の日本住宅建築の基本と考えられている。寝殿造を簡略化した構造で，床には畳を敷き詰め，室内には明障子や違い棚，付書院などを備えている。

30 日明貿易の展開

解答 問1．(1)—b (2)—a (3)—a (4)—b (5)—a
(6)—b (7)—b (8)—a (9)—b 問2．④

解説 問1．(1)(2)1401年に足利義満は肥富・祖阿を明に派遣して国交を開いた。翌年，明の皇帝である建文帝から「日本国王源道義」あての返書と大統暦と呼ばれる明の暦が与えられた。源道義とは足利義満のことで，道義は義満の法号である。

(3)陶磁器や書画などの輸入品は唐物として珍重され，書院造の床の間などに飾られることも多かった。

(9)三浦の乱は1510年，朝鮮の貿易統制に対して三浦(＝富山浦・乃而浦・塩浦)に居留する日本人が起こした乱で，日朝貿易の衰退を招いた。

問2．Ⅰ．勘合貿易は1404年に足利義満が始めたが，朝貢外交を嫌って4代将軍足利義持が1411年に中断した。のち1432年に6代将軍足利義教が再開した。

Ⅱ．明の朱元璋(洪武帝)が九州を制圧していた懐良親王に倭寇の取締りを要求したのは1369年である。

Ⅲ．足利義満は1401年に肥富・祖阿を派遣して明と国交を開き，翌年，明の第2代皇帝で洪武帝の孫にあたる建文帝は，「源道義」と名乗っていた足利義満を「日本国王」に任じた。

31 中世の民衆の動き

解答 問1．(1)—b (2)—b (3)—b (4)—a (5)—a
(6)—b 問2．④

解説 問1．(2)足軽とは，足軽く疾走する雑兵のことである。悪党とは鎌倉後期から南北朝時代にかけて幕府の支配に反抗した武士集団で，地頭・名主も含まれる。

(4)一条兼良は室町幕府の公卿・学者で，有職故実書『公事根源』や『源氏物語』の注釈書として『花鳥余情』などを著した。二条良基は南北朝時代の公卿で歌人としても活躍し，連歌集として『菟玖波集』を撰したほか，連歌の規則書として『応安新式』を編纂した。

問2．①誤文。1441年の嘉吉の徳政一揆についての説明文である。

②誤文。一向一揆は徳政を求めたものではない。

③誤文。法華一揆は1532年に京都の法華信徒が一向一揆に対抗して山科本願寺を焼き打ちにした事件である。

④正文。史料の「正長元年」は1428年である。「ある史料」とは『大乗院日記目録』で，1428年の正長の徳政一揆について

記している。

32 室町時代の絵画と文芸
[解答] 問1．(1)—a (2)—a (3)—b (4)—b (5)—a
(6)—a (7)—b (8)—b 問2．②
[解説] 問1．(1)水墨画は，鎌倉時代に入宋した僧侶によって伝えられ，禅宗寺院を中心に発達した。
(4)明兆は東福寺の画僧である。
(6)(7)水墨画は明兆→如拙→周文と受け継がれ，雪舟によって大成された。
(8)「四季山水図巻」は「山水長巻」とも呼ばれる。「秋冬山水図」は秋景と冬景の2幅からなるが，この絵は冬景を描いたものである。
問2．①正文。狂言は庶民劇として能の合間に演じられ，能のもつ厳粛さを和らげた。
②誤文。世阿弥は観世座の出身で，足利義満の保護を受けた。
③正文。二条良基は，連歌の規則書として『応安新式』も著した。
④正文。「物くさ太郎」や「一寸法師」などの御伽草子は，当時の民衆に夢を与えた短編物語である。

33 庭園の特徴
[解答] 問1．(1)—b (2)—b (3)—a (4)—b (5)—a
(6)—a (7)—a (8)—a (9)—b (10)—a 問2．②
[解説] 問1．(5)竜安寺方丈の庭園も枯山水様式で「虎の子渡し」の俗称で知られているが，写真は大徳寺大仙院の庭園である。
(6)リード文の「京都五山の別格上位」がヒント。
(8)修学院離宮は後水尾天皇の山荘である。
(9)権現造は日光東照宮などに見られる神社建築様式である。
問2．①誤文。北山第は足利義満が京都北山に営んだ山荘で，その敷地内に金閣を造営した。「花の御所」は1378年ころに完成した足利将軍邸で，室町殿とも呼ばれた。
②正文。金閣の初層は寝殿造風，最上層は禅宗様で築かれた。
③誤文。善阿弥は足利義政が営んだ銀閣の庭を手がけた作庭師である。
④誤文。北山第は足利義満の死後に鹿苑寺となった。

34 室町時代の農業と惣村での生活
[解答] 問1．(1)—b (2)—a (3)—a (4)—a (5)—a
(6)—a (7)—a (8)—b 問2．③
[解説] 問1．(1)大唐米は鎌倉時代に中国から伝わり，室町時代に西日本に普及した。品種的には早稲で，その色から赤米とも唐法師とも呼ばれた。インディカ米は米粒が長

く，炊いても粘りが少ないのが特徴である。それに対して日本の米はほとんどが短粒米で，ジャポニカ種と呼ばれる。
(2)晩稲が正解。遅稲という用語はない。
(4)干鰯・油粕は江戸時代に普及した金肥である。
(5)Aの出典は「洛中洛外図屛風」。根刈りに用いられたのは鉄鎌である。
(6)Bの出典は「洛中洛外図屛風」。リード文に「脱穀」とある。箕も見えるが，箕はごみや籾殻を取り除くために用いる農具である。
(7)Cの出典は「たはらかさね耕作絵巻」。
(8)竜骨車は揚水具として用いられたが，江戸時代中頃に踏車にかわった。
問2．③誤文。惣村は畿内などの経済的な先進地域で発達したので，「貨幣流通の発達が遅れていた」が誤り。

35 中世の絵画
[解答] 問1．(1)—a (2)—b (3)—a (4)—a (5)—a
(6)—a (7)—b (8)—a (9)—a (10)—b 問2．⑤
[解説] 問1．(2)「伴大納言」とは866年の応天門の変で失脚した伴善男を指す。承和の変は842年で，橘逸勢・伴健岑らが排斥された。
(3)「信貴山縁起絵巻」は，信貴山の僧命蓮に関する奇跡を描いた絵巻物で，庶民の生活や風俗も描かれている。朝護孫子寺は別名信貴山寺ともいう。「源氏物語絵巻」の絵は藤原隆能によって描かれた。部屋を斜め上から見下ろす吹抜屋台の技法や貴族の顔の描き方に引目鉤鼻の技法を取り入れているのが特徴である。
(4)似絵とは，鎌倉時代に大和絵で描かれた人物の肖像画のこと。濃絵とは，安土桃山時代に障壁画などの画面に描かれた金碧濃彩画のこと。
(5)藤原隆信・信実父子は似絵の名手と仰がれた。狩野正信は室町時代に幕府の御用絵師として活躍した狩野派の祖で，「周茂叔愛蓮図」などを制作した。子の狩野元信も幕府の御用絵師として活躍し，「大徳寺大仙院花鳥図」などを制作した。
(8)蒔絵とは，漆で文様を描いて金銀の粉を蒔きつける工芸品で，螺鈿を施すこともある。
(7)菅原道真は北野天神に祀られた。「春日権現験記」は春日神社の霊験を絵巻に表したものである。
(8)法然は浄土宗の祖である。
(9)(10)水墨画は北山文化の時代に明兆→如拙→周文と受け継がれ，東山文化の時代に雪舟によって大成された。
問2．Aは如拙の「瓢鮎図」。Bは雪舟の「秋冬山水図」の秋景。Cは院政期文化の時代に制作された「扇面古写経」。Dは蒙古襲来のようすを描いた鎌倉時代の「蒙古襲来絵巻」。したがって，C→D→A→Bの順となる。

13

第3章　近　世

36　城下町の特徴

解答　問1. (1)—b　(2)—a　(3)—a　(4)—a　(5)—a
(6)—a　(7)—a　(8)—a　(9)—b　(10)—b　問2. ④

解説　問1. (4)直線道路を多くすると，敵が容易に本丸に近づきやすくなるので，軍事防衛上，屈曲したつくりの道が多い。
(5)高田は親藩の松平氏の城下町である。黒の太線が施されている部分が土居である。
(8)商人・職人の町屋敷は職種ごとに区画されていた。
問2. ④誤文。「町役人などを置かず」が誤り。町役人は町奉行のもとで町政を担当した。江戸では町年寄とその下に位置する町名主・月行司を指し，大坂では惣年寄とその下に位置する町年寄・町代を指した。

37　徳川氏の系図

解答　問1. (1)—a　(2)—b　(3)—b　(4)—a　(5)—a
(6)—a　(7)—b　(8)—b　(9)—b　(10)—b　(11)—a　(12)—a　(13)—b　(14)—a　(15)—b　(16)—b　(17)—a　(18)—a
(19)—a　(20)—b　(21)—a　問2. ④

解説　問1. 空欄　ア　には家光，　イ　には綱吉，
ウ　には吉宗，　エ　には松平定信，　オ　には家茂が入る。
(3)改易とは所領没収の処分である。
(4)26聖人殉教事件は1596年，豊臣秀吉によってフランシスコ会の宣教師・信徒26名が長崎で処刑された事件である。
(5)参勤交代が制度化されたのは，徳川家光の時に発布された1635年の武家諸法度寛永令においてである。末期養子の禁止が緩和されたのは，4代将軍徳川家綱の時であるが，それが武家諸法度に明文化されたのは，徳川綱吉の時に発布された1683年の武家諸法度天和令においてである。
(7)前田綱紀は加賀藩主で，朱子学者の木下順庵を招いた。
(8)勘定吟味役荻原重秀の建議にしたがって徳川綱吉の時，1695年に元禄小判が鋳造された。慶長小判は1600年に鋳造された。
(11)慶賀使とは，将軍交代ごとにそれを祝うために琉球から幕府に派遣された使者のこと。
(12)天保の改革は1841年から老中水野忠邦によって進められた。
(13)それまでの検見法を改めて，一定の税率で徴収する定免法を実施した。
(14)人返しの法は，天保の改革の一環として1843年に発布された。
(16)1844年にオランダ国王ウィレム2世が徳川家慶に開国勧告を出した。
(17)アメリカ・イギリス・ロシアとの和親条約は1854年，オランダとの和親条約は1855年にそれぞれ結ばれた。
(18)桜田門外の変で井伊直弼が暗殺されたのは1860年。坂下門外の変で安藤信正らが襲撃されたのは1862年。
(19)パークスはイギリス公使で薩長側を支援し，幕府を支持したフランス公使のロッシュと対立した。
(20)参議は1869年の官制改革において，太政官に設置された要職。参与は1867年12月9日の王政復古の大号令によって新設された官職である。
(21)「経文緯武」と刻まれた銀印で，条約などの外交文書に押印されたと考えられる。
問2. ①誤文。文治政治は4代将軍徳川家綱の時代からである。
②誤文。正徳金銀ではなく，元禄金銀が正しい。
③誤文。「徳川家康の孫にあたる」は誤り。徳川家康の孫にあたるのは，吉宗の父である和歌山藩第2代藩主徳川光貞である。徳川光貞は和歌山藩初代藩主徳川頼宣(家康の10男)の子である。

38　江戸幕府の職制

解答　問1. (1)—b　(2)—b　(3)—a　(4)—b　(5)—b
(6)—a　(7)—b　(8)—b　(9)—b　(10)—b　(11)—a　(12)—b　問2. ①・④・⑧

解説　問1. (4)役方に対して，書院番や小姓組番など軍事部門を担当した人々を番方という。
(5)大老は幕府最高の職であるが，非常置である。
(6)側用人は将軍の意向を老中に取り次ぎ，老中の上申を将軍に伝達する役職である。
(7)　ア　には大目付が入る。
(9)寺社奉行は，文字通り寺社の管理や宗教統制などを司った奉行である。
(10)(11)(12)安政の改革とは，老中阿部正弘のもとで1854～57年にかけて行われた幕政改革のことで，海軍伝習所や洋学所などが設立された。文久の改革は1862年，勅命によって実施され，島津久光によって推進された。その一環として新たな役職が設置され，政事総裁職に松平慶永，将軍後見職に一橋慶喜，京都所司代の上に置かれた京都守護職に松平容保（かたもり）が就任した。
問2. ②誤文。大老は譜代大名から選任された。「京都の近くに～」以下が誤り。
③誤文。老中は譜代大名から選任された。「親藩の藩主によって」が誤り。
⑤誤文。「若年の旗本が～」以下がすべて誤り。年齢が若いという意味ではない。若年寄は譜代大名から選任された。
⑥誤文。「将軍家斉が新設した」が誤り。
⑦誤文。大目付は旗本から選任され，大名を監察した。「民衆の生活～」以下が誤り。

⑨誤文。遠国奉行ではなく江戸町奉行が正しい。

39 江戸時代の農具

[解答] 問1.(1)—b (2)—a (3)—a (4)—b (5)—a
問2.③

[解説] 問1. 右側の絵の出典は、19世紀前半に中台芳昌が著した『老農夜話』である。

(1)備中鍬は刃が3〜4本に分かれているが、風呂鍬は刃が一枚の板でつくられ、刃先に鉄をはめたものである。

(2)千石簁は穀粒の大きさを選別する農具である。

(3)唐箕は17世紀に中国から伝来した選別具である。「くるり」とは唐（殻）竿のこと。くるりと回転させて使うのでそう呼ばれる。

(4)刃の部分は鉄や竹などでつくられた。

(5)扱箸は千歯扱が普及する以前に用いられていた脱穀具である。

問2.①誤文。鎌倉時代の農業について説明した文である。
②誤文。江戸時代には四木（漆・茶・楮・桑）・三草（麻・紅花・藍）・たばこ・果物などが商品作物として栽培された。甘藷はサツマイモのことで、その栽培は江戸中期以降である。
④誤文。千歯扱は江戸時代に扱箸に代わって普及した脱穀具である。根刈りは鉄鎌で行われた。

40 儒学者と心学者の系譜

(1)朱子学

[解答] 問1.(1)—a (2)—b (3)—b (4)—a (5)—b
(6)—a (7)—b (8)—a (9)—b (10)—b 問2.⑥

[解説] 問1.(1)姜沆は1597年の慶長の役の際に日本に連行された朝鮮の儒学者である。宋希璟は1420年、朝鮮からの日本人僧侶の帰国に際して朝鮮から来日した回礼使である。漢城（現ソウル）から京都までの往復に際して見聞したことなどを漢詩文にまとめたものが『老松堂日本行録』である。

(2)林羅山は家康・秀忠・家光・家綱の将軍4代の侍講となった。

(3)『本朝通鑑』は、神代から後陽成天皇までを編年体でまとめた歴史書で、北宋の司馬光が編纂した『資治通鑑』にならったものである。

(4) ア には鳳岡（信篤）が入る。

(5)前田利長は前田利家の子で、2代金沢藩主となった。

(7)『西洋事情』は福沢諭吉の著書。新井白石は屋久島に潜入したイタリア人宣教師ヨハン＝シドッチを尋問して『西洋紀聞』や『采覧異言』を著した。

(8) イ には山崎闇斎が入る。復古神道は国学者の平田篤胤が提唱した。

(9)聖堂学問所は、綱吉の時に上野にあった林家の私塾を湯島に移して整備した学問所である。幕府は1797年に聖堂学問所から林家の私塾を切り離し、幕府直轄の昌平坂学問所として発足させた。

(10)寛政の三奇人とは林子平・蒲生君平・高山彦九郎の3名をいう。

問2. 西暦年代ではなく、活躍した時期で考えるとよい。

Ⅰ. 会沢安（正志斎）は江戸時代後期に活躍した水戸学者である。

Ⅱ.「木下順庵の門下」とあるので、雨森芳洲が活躍したのは江戸時代中期と判断する。

Ⅲ. 林羅山は江戸時代初期に活躍した儒者。家康から家綱まで侍講として仕えた。

(2)陽明学

[解答] 問1.(1)—a (2)—b (3)—b (4)—a (5)—b
(6)—b (7)—a (8)—b (9)—a (10)—b 問2.④

[解説] 問1.(2)理気二元論とは、宇宙の原理に関する朱子の考え方で、あらゆる現象は「理」と「気」から成るという。知行合一とは「知」と「行」は表裏一体の関係にあり、例えば「徳」というものを知っていても実践しなければ「徳」は成り立たないという考え方をいう。

(3)山鹿素行は古学者である。

(5)『武家事紀』は山鹿素行の著書。

(7)「町人の出資」とあるので懐徳堂が正解。適塾は緒方洪庵が大坂に開いた蘭学塾で、福沢諭吉や大村益次郎らを輩出した。

(8)『誠の道』は富永仲基の著書。『夢の代』の著者山片蟠桃は大坂の豪商升屋の番頭として活躍し、仙台藩の依頼を受けてその財政再建に尽力した。

(9) イ には大塩平八郎が入る。咸宜園は儒学者の広瀬淡窓が豊後の日田に設置した私塾。

(10)天明の飢饉は1782〜87年まで。天保の飢饉は1832〜36年まで続いた。

問2.①誤文。懐徳堂は大坂町人の出資で設立され、町人に朱子学や陽明学などを授けた。大塩平八郎が設立したのは洗心洞である。
②誤文。大塩平八郎は陽明学者である。
③誤文。大塩の乱が起こったのは1837年で、当時はまだ株仲間解散令（1841年発布）は出ていない。
④正文。生田万は国学者であるが「大塩門弟」と称し、1837年に越後柏崎で蜂起した。

(3)古学

[解答] 問1.(1)—a (2)—a (3)—b (4)—a (5)—b
問2.①

[解説] 問1.(1)『中朝事実』は山鹿素行が配流先の赤穂で執筆し、日本主義を説いた。

(2)古義堂を開いたので，伊藤仁斎の一派は古義学派とも呼ばれる。稽古堂は会津の保科正之が1644年に整備した学問所のことで，1799年に会津藩主松平容頌のもとで藩校として日新館に発展した。

(4)『弁道』も荻生徂徠の著書であるが，『弁道』では「先王の道」を究明し，聖人の道は天下を治めるためにつくった制度や法律であって，道徳や自然の法則のようなものではないと主張した。

(5)『経済要録』は佐藤信淵の著書。産業の振興や海外計略の必要性などを説いた。

問2．X．正文。史料の第1段目に記されているように，「米を売って金にして，商人より物を買て日々を送る」という状態では，商人が主で武家が従という関係になるので，「商人に依存せざるを得ない」という見方は正しい。

Y．正文。史料の第2段目に「武家皆知行処に住むときは，…商人米をほしがる」ので武家が主で商人が従の立場になれると記しているので「商人に対して優位に立てる」という見方は正しい。

Z．誤文。史料の第3段目には，「武家と百姓がともに存続するような政治が基本で，商人は潰れても構わない」と述べている。したがって，「武士の存続が政治の根本であり，百姓・商人は潰れても構わない」ではなく，「武士と百姓の存続が政治の根本であり，商人は潰れても構わない」が正しい。

(4)心　学

解答　問1．(1)―a　(2)―b　(3)―b　問2．③

解説　問1．(1)『筑波問答』は南北朝時代に二条良基が著した連歌学の書で，連歌の起源や沿革，作法などを説いたものである。

(2)明倫舎は手島堵庵が京都に開いた心学の講義道場のこと。

(3)享保の改革の際に，目安箱に寄せられた投書をもとに小石川に養生所が設置され，寛政の改革においては石川島に人足寄場が設置され，授産所として機能した。

問2．③誤文。山片蟠桃は懐徳堂の出身で，『夢の代』を著して無神論を説いた。石門心学を広めたのは手島堵庵や中沢道二らである。

41　蘭学者の系譜

解答　問1．(1)―a　(2)―b　(3)―b　(4)―b　(5)―a　(6)―a　(7)―b　(8)―a　(9)―b　(10)―b　(11)―a　(12)―b　(13)―a　(14)―b　(15)―a　(16)―b　問2．④

解説　問1．(1)享保の改革は1716～45年。寛政の改革は1787～93年。

(2)田中丘隅は農政家・代官で，徳川吉宗に意見書として『民間省要』を献上した。青木昆陽は甘藷の栽培を勧め，『甘藷記』や『蕃薯考』を著した。

(3)『蔵志』は山脇東洋が著した最初の解剖図録である。『解体新書』の挿絵は小田野直武が描いた。

(5)　ア　には大槻玄沢が入る。師の杉田「玄」白，前野良「沢」の名前から一文字ずつとって「玄沢」と称した。

(6)洗心洞は大塩平八郎が開いた陽明学の塾である。

(8)『ズーフハルマ』はオランダ人のズーフが長崎で刊行した蘭日辞書である。

(10)　イ　には緒方洪庵が入る。

(11)伊東玄朴はシーボルトが開設した鳴滝塾の門下生で，のちに牛痘種痘法に成功し，種痘所を設置した。

(12)　ウ　には高野長英が入る。フェートン号事件は1808年，オランダ船を追ってイギリス軍艦フェートン号が長崎に侵入して狼藉に及んだ事件で，長崎奉行松平康英が引責自害した。モリソン号事件は1837年，アメリカ船モリソン号が異国船打払令によって浦賀・山川沖で砲撃された事件である。

(13)小関三英も蛮社の獄の際に自害している。

(14)安政の大獄は1858～59年にかけて起こった井伊直弼による弾圧事件で，吉田松陰や橋本左内らが刑死した。

(15)高橋景保は寛政暦を作成した高橋至時の子で，天文方として幕府天文台に蘭書の翻訳局(＝蛮書和解御用)の設置を建議した。

(16)和学講談所は塙保己一が設立した学問所で，『群書類従』の編纂もここで行われた。

問2．④誤文。徳川吉宗は青木昆陽や野呂元丈らにオランダ語の習得を命じ，蘭学興隆の基礎を築いたので，「民間の洋学研究を禁止しようとした」は誤り。ラクスマンが来航したのは1792年で，徳川吉宗の死後である。ラクスマンが根室に来航した1792年当時は，老中松平定信が寛政の改革を行っていた。

42　国学者の系譜

解答　問1．(1)―b　(2)―a　(3)―a　(4)―a　(5)―a　問2．②

解説　問1．(1)『万葉集注釈』は，鎌倉時代に仙覚が著した『万葉集』の研究書で，『仙覚抄』ともいう。

(2)　ア　には賀茂真淵が入る。『国意考』も賀茂真淵の著書である。

(3)　イ　には本居宣長が入る。漢心は，儒教の精神を示す語句で，「唐ごころ」とも「漢意」とも書く。

(4)『類聚国史』は，菅原道真が六国史の内容を部門別に分類して編年的に編纂した歴史書である。

(5)垂加神道は，山崎闇斎が神儒融合の立場から提唱した神道である。

問2．②誤文。史料中に「一人はせんかたなく百姓を立てさすれども，残りはおおく町人の方へ奉公に出して」とある。つまり，子供が多い家の場合は，「一人を百姓にして，

残った子供たちを都市に奉公に出す」とあるので,「一人を都市へ奉公に出し〜」以下がすべて誤りである。

43 手工業の発達―織屋のようす

解答 問1. (1)—a (2)—a (3)—b (4)—b (5)—b (6)—a 問2. ③

解説 問1. (1)結城は下総国(現茨城県)に所在する。戦国時代には戦国大名結城氏が支配し,産業では結城紬などの織物業が栄えた。下野国は現在の栃木県である。

(2)「19世紀前期」が決め手となる。文政年間は1818年から1830年まで。文禄は文禄・慶長の役(1592・1597年)から16世紀末期と判断できる。

(3)「上下に足踏みをして」がヒント。高機は西陣の絹織物業などで用いられた装置である。いざり機は居坐機とも書くように,織手は床に座り,足を前方に動かして織る技法をとる。

(4)図版を見ると,作業をしているのがほとんど女性である。

(5)図版を見ると,「糸運び」や「糸繰り」,高機での「機織り」,糸の長さなどを揃える「糸より」など,作業が分業と協業で行われているようすが読み取れる。

(6)マニュファクチュアは19世紀に西陣や桐生・足利などの絹織物業,尾張地方・大坂周辺の綿織物業で盛んになったが,伊丹や灘などの酒造業では17世紀にはすでにマニュファクチュア経営が行われていた。

問2. Ⅰ. 桐生・足利などに「新興の機業地」ができて高級な絹織物が生産されようになったのは18世紀中ごろからである。

Ⅱ. 桐生・足利などの機業地でマニュファクチュア生産が行われるようになったのは19世紀前期からである。

Ⅲ. 「通商条約が発効し,外国貿易が開始」されたのは19世紀後半である。

Ⅳ. 「糸割符制」が定められたのは17世紀初期(1604年)である。

44 近世の絵画

解答 問1. (1)—a (2)—a (3)—a (4)—a (5)—b (6)—b (7)—b (8)—a (9)—b (10)—a (11)—b (12)—a (13)—a (14)—b (15)—b 問2. ③

解説 問1. (2)狩野永徳は「洛中洛外図屛風」なども制作した。狩野長信は狩野永徳の末弟で,「花下遊楽図屛風」などを制作した。

(3)「夕顔棚納涼図屛風」は江戸時代初期に活躍した久隅守景の作品である。

(4)南蛮屛風は日本人の画家によって制作された。

(5)狩野芳崖は日本画家として活躍し,「悲母観音」などを制作した。

(6)本阿弥光悦は京都の鷹ケ峰に芸術村を造成し,蒔絵・陶芸などさまざまな分野で活躍した。代表作に「舟橋蒔絵硯箱」がある。

(7)宮崎友禅は友禅染の創始者である。

(8)尾形光琳は蒔絵の代表作として「八橋蒔絵硯箱」も制作した。「洛中洛外図巻」は住吉具慶の制作である。

(9)錦絵とは多色刷りの浮世絵版画のこと。創始者の鈴木春信は「弾琴美人」や「風俗四季歌仙」なども制作した。

(10)喜多川歌麿は美人画を得意とし,顔を大きく描く大首絵に新しい様式を開拓した。亜欧堂田善は白河藩主松平定信に仕え,「浅間山図屛風」など,洋風画に秀作を残した。

(11)東洲斎写楽の代表的な役者絵には「市川鰕蔵」などもある。円山応挙は遠近法を取り入れた写生画を得意とし,「雪松図屛風」や「保津川図屛風」などを制作した。

(12)司馬江漢は眼鏡絵用の銅版画として「不忍池図」などを制作した。住吉具慶は住吉如慶の子で,江戸幕府の御用絵師をつとめた。

(13)文人画とは,学者や文人といった画業を本業としない人々が描いた絵のこと。池大雅と与謝蕪村の合作では「十便十宜図」が代表的である。

(14)歌川広重は「東海道五十三次」を制作した。

(15)モリソン号事件に対し,高野長英は『戊戌夢物語』,渡辺崋山は『慎機論』を著して幕府の措置を批判した。

問2. Aは菱川師宣の「見返り美人図」で元禄文化の時代(=江戸中期)。Bは狩野永徳の「唐獅子図屛風」で桃山文化の時代。Cは東洲斎写楽の「三代目大谷鬼次の奴江戸兵衛」で宝暦・天明期の文化(=江戸後期)。Dは葛飾北斎の「富嶽三十六景」の中の「神奈川沖浪裏」で,化政文化の時代(=江戸末期)。Eは俵屋宗達の「風神雷神図屛風」の「雷神」で,寛永期の文化(=江戸前期)。したがって,B→E→A→C→Dの順となる。

第4章 近現代

45 開港・貿易開始後の輸出入品と経済動向

解答 問1. (1)—b (2)—a (3)—a (4)—b (5)—a (6)—b (7)—a (8)—a (9)—b (10)—a 問2. ④

解説 問1. (2)兵庫が開港の勅許を得たのが1867年で,実際には神戸が開港地となった。また新潟の開港は1868年で最も遅かった。

(3)輸出入額は横浜が圧倒的に多く,全国貿易総額の約90%を占めた。

(4)船舶別貿易額・貿易業者別貿易額ともにイギリスが首位を占めた。

(5)南北戦争は1861〜65年。アメリカ独立戦争は1775〜83年である。

(6)1865年時点で,綿糸は輸入品であった。

⑽1866年まで輸出総額が輸入総額を上回っていたが，1867年になると輸入総額が輸出総額を上回った。

問2．①正文。江戸の経済上の特権的な地位が崩れたために，幕府は1860年に五品江戸廻送令を出して江戸の問屋を保護しようとしたが効果はあがらなかった。

②正文。日本では金：銀＝1：5，外国では金：銀＝1：15と金銀比価が異なっていたため，約10万両以上の金貨が海外に流出した。

③正文。生糸をはじめ，物資が不足したために品不足から物価が急騰した。

④誤文。「物価を引き下げる～」以下が誤り。物価騰貴となり，庶民の生活を苦しめる結果となったため，貿易を始めた幕府に対する不信不満も高まった。

46　北方探検・日露間の国境

解答　問1．(1)—b　(2)—a　(3)—b　(4)—b　(5)—a　(6)—a　(7)—a　(8)—b　(9)—b　(10)—b　(11)—b　(12)—b　(13)—b　(14)—a　(15)—a　(16)—b　(17)—a　(18)—b　(19)—a　(20)—b　問2．③

解説　問1．(3)大槻玄沢は蘭医で，蘭学塾として江戸に芝蘭堂を開設した。正月には新元会と呼ばれるオランダ正月を祝った。

(4)『華夷通商考』は西川如見が長崎で海外の事情を見聞して著した。工藤平助は『赤蝦夷風説考』を著して蝦夷地開発の必要性とロシアとの貿易について論じ，田沼意次に献上した。

(5)最上徳内は幕命を受け，本多利明に代わって蝦夷地の探検に参加し，1786年に千島を探検して得撫島に渡った。

(6)俵物とは俵に詰めた食料用の海産物（ふかのひれ・いりこ・ほしあわびの3品）で，清に輸出された。蔵物とは蔵屋敷に送られる年貢米や国産物のことである。

(7)幕府は1799年に東蝦夷地を直轄化した。

(8)近藤重蔵は択捉島に「大日本恵登呂府」の標柱を立てた。地図中のAは国後島，Bは択捉島である。

(9)(10)幕府は1807年に松前藩と蝦夷地すべてを直轄化し，会津藩などの東北諸藩に警護を命じた。1811年に起こったゴローウニン事件が解決した後，1821年に蝦夷地は松前藩に還付された。

(11)地図中のCは得撫島，Dはサハリン（樺太）である。

(12)(13)レザノフはアレクサンドル1世の使節として1804年，長崎に来航して通商を求めたが対応の悪さに憤慨し，ロシア船は帰国に際してサハリンや択捉島を攻撃した。

(14)大黒屋光太夫は伊勢の船頭で，漂流していたところをロシア人に救助され，エカチェリーナ2世にも謁見した。そのようすは桂川甫周が著した漂流記『北槎聞略』に記されている。高田屋嘉兵衛はゴローウニン事件の際に報復的

に捕えられたが，ゴローウニンの釈放に尽力した。

(15)ゴローウニンは1811年に国後島で松前藩吏に捕えられた。

(17)横浜は安政の五か国条約後の貿易開始によって開港地となった。

(18)Bの択捉島以南が日本領，Cの得撫島以北がロシア領となった。

(20)北緯38度線は，朝鮮戦争の際に朝鮮民主主義人民共和国と大韓民国が対立した軍事境界線である。

問2．X．近藤重蔵はbの択捉島に渡り，「大日本恵登呂府」の木柱を立てた。

Y．1854年に結ばれた日露和親条約によって，cのサハリン（樺太）は日露両国人雑居の地と定められた。aは利尻島，dはカムチャツカ半島である。

47　さまざまな風刺画

(1)古代末期～中世初期の世相

解答　問1．(1)—b　(2)—a　(3)—a　(4)—b　(5)—a　(6)—a　(7)—a　(8)—a　(9)—a　(10)—b　問2．②

解説　問1．(1)高山寺は鎌倉時代に華厳宗の明恵（高弁）によって再興された。高台寺は豊臣秀吉の冥福を祈るために徳川家康によって創建された。

(2)祝詞とは，神事において神に奏上する言葉のことである。

(4)僧正遍昭は平安時代に活躍した六歌仙の一人である。

(6)摂関政治は平安中期に展開されたが，時期的には古代末期ではない。

(7)延暦寺の僧兵は日吉神社の神輿，興福寺の僧兵は春日大社の神木榊を擁して強訴した。

問2．史料は後白河法皇が撰した『梁塵秘抄』の一節である。

①誤文。風流ではなく，今様が正しい。風流とは華美なつくり物や装いのことである。

③誤文。今様は，白拍子や遊女によって歌われ，貴族や宮中でも流行した。

④誤文。「武家の政権をくつがえそうとして配流された上皇」とは後鳥羽上皇のこと。

(2)自由民権運動と立憲国家の確立

解答　問1．(1)—a　(2)—b　(3)—b　(4)—a　(5)—a　(6)—b　(7)—a　(8)—a　(9)—b　(10)—b　(11)—a　(12)—b　(13)—a　(14)—a　(15)—b　(16)—b　(17)—b　(18)—b　(19)—b　(20)—b　問2．①

解説　問1．(1)左院は1871年に設置された立法諮問機関。右院は1871年に設置された行政上の諮問機関。

(2)佐賀の乱は1874年。征韓党の首領となった江藤新平は刑死した。

(3)愛国社は1875年，立志社を中心に大阪で結成された。国会期成同盟は1880年に発足。

(4)漸次立憲政体樹立の詔によって，元老院・大審院・地方

官会議が設置されることになった。国会開設の勅諭は1881年に出された。

(5)元老院は，左院を廃止して新設された立法諮問機関。大審院は司法の最高機関で，現在の最高裁判所に相当する。

(6)新聞紙法は1875年の新聞紙条例を改めたもので，1909年に制定された。

(7)公安条例とは地方公共団体が大衆運動などを対象に出した条例で，1948年に福井市ではじめて制定された。

(8)大同団結運動は星亨・後藤象二郎らが推進した。三大事件建白運動は1887年に起こった反政府運動。「言論・集会の自由」，「外交失策の挽回」，「地租軽減」の3つを要求した。

(9)出版条例は1869年に制定。保安条例は1887年に公布され，尾崎行雄ら約570名が皇居外3里の地に3年間追放された。

(10)(11)漫画雑誌『トバエ』はフランス人の画家ビゴーが創刊した。ワーグマンはイギリスの画家で『絵入りロンドンニュース』の特派員として来日した。

(12)ロエスレルは1878年に来日したドイツ人法学者で，明治憲法制定の際に顧問として活躍した。

(13)モッセは1886年に来日したドイツ人法学者で，地方制度の近代化や地方自治制の確立に尽力した。

(15)井上 毅 (こわし) は教育勅語の起草にも参画した。

(16)企画院は1937年，第1次近衛文麿内閣の時に創設された戦時経済の統制機関で，ここで国家総動員法などが立案された。

問2．①正文。史料Ⅰには「議会ノ協賛ニ依ル」，史料Ⅱには「議会の同意を要す」，史料Ⅲには「議会は協賛するのみ」と記しているので，「帝国議会の働きが加わらなければならない」とする見解は史料Ⅰ～Ⅲ共通の見解として正しい。
②誤文。史料Ⅱからは「法律案を必ず裁可しなければならない」旨の内容は読み取れない。
③誤文。法律の制定には，議会の「協賛」や「同意」が必要なので，「審議をかならずしも必要としない」は誤り。
④誤文。史料Ⅲには「立法するは天皇である，天皇唯一の行為である」と明言しているので，「天皇の行為を伴わないで法律を制定することができる」は明らかに誤り。

(3)条約改正の経緯

解答　問1．(1)—a　(2)—b　(3)—a　(4)—b　(5)—b　(6)—b　(7)—a　(8)—a　(9)—b　(10)—b　(11)—b　(12)—b　(13)—b　(14)—a　(15)—b　(16)—a　(17)—b　問2．③

解説　問1．(1)大使の岩倉具視は右大臣である。それに木戸孝允・大久保利通・伊藤博文・山口尚芳 (なおよし) が副使として巡遊した。三条実美は1871年から1885年まで太政大臣，1885年以降に内大臣に就任した。
(3)明治十四年の政変は1881年で，大隈重信が下野した。
(9)井上 馨 (かおる) は条約改正を促進させるために極端な欧化主義

政策を展開し，鹿鳴館時代を現出した。

(10)ボアソナードは刑法や民法を起草したが，民法については従来の家族制度を損なう恐れがあるとして穂積八束は論文「民法出 (い) デ，忠孝亡ブ」を発表し，民法典論争に発展した。結局，ドイツ法を加味した新民法（＝明治民法）が封建的家族制度を温存したまま1896年と1898年に公布された。

(11)ディアナ号はロシアの極東艦隊司令長官プチャーチンが下田に来航した時に乗艦していた艦船。

(13)猶存社は1919年に北一輝らが組織した国粋主義団体である (ゆうぞんしゃ) 。玄洋社は1879年に頭山 満 (とうやまみつる) らが組織した国家主義的右翼団体である (げんようしゃ) 。

(16)外相陸奥宗光の時に法権が回復。陸奥宗光は回顧録として『蹇蹇録 (けんけんろく) 』を著した。

(17)第2次桂太郎内閣の外相小村寿太郎の時，税権が回復した。

問2．①誤文。「日露戦争後」が誤り。日英通商航海条約は1894年，日清戦争の直前に結ばれた。
②誤文。関税自主権は1911年に回復した。したがって，「第一次世界大戦後」ではなく「日露戦争後」が正しい。
③正文。ノルマントン号事件は，法権回復の必要性を痛感させる契機となった事件である。
④誤文。衆議院は帝国議会開催の1890年から。三大事件建白運動は1887年なので，ここでは元老院が正しい。

(4)日清戦争

解答　問1．(1)—a　(2)—b　(3)—a　(4)—b　(5)—a　(6)—b　(7)—a　(8)—b　(9)—a　(10)—b　(11)—b　(12)—a　(13)—a　(14)—b　問2．①

解説　問1．(1)壬午軍乱では，日本公使館も襲撃されたが清軍の派兵で鎮圧され，済物浦条約が締結された (さいもっぽ) 。
(2)ベトナムの宗主権を主張した清とフランスが1884年に交戦した。フランス軍優位の中で，1885年にイギリスの調停で天津条約が結ばれ，清はベトナムに対する宗主権を放棄した。
(3)朝鮮の近代化を目指した独立党（開化派）の金玉均 (きんぎょくきん) や朴泳孝 (ぼくえいこう) らは，1884年に甲申事変を起こしたが失敗して日本に亡命した。
(5)日清間に天津条約が結ばれたのは1885年である。
(6)変法自強 (へんぽうじきょう) 運動とは，清朝末期に立憲君主制の確立を求めて起こった政治運動である。
(7)黄海の海戦は1894年9月，日本連合艦隊が清の北洋艦隊を撃破した海戦。
(10)陸奥宗光は第2次伊藤博文内閣の外相。
(14)「扶清滅洋」は列強の中国進出に対して義和団が唱えた排外的スローガンである。

問2．X．「1882年」とあるので，「この都市」は漢城（＝現ソウル）で位置はaである。

Y．下関条約で得た半島は遼東半島。「この都市」とはその先端にある旅順で位置はcである。bは釜山，dは日清戦争後にイギリスが租借した山東半島の威海衛である。

(5)日英同盟と日露戦争

解答　問1．(1)―b　(2)―a　(3)―b　(4)―b
問2．③

解説　問1．(1)(2)山県有朋・桂太郎・小村寿太郎らは日英同盟論，伊藤博文・井上馨らは満韓交換論（＝日露協商論）を支持した。
(3)フランクリン＝ローズヴェルトは32代アメリカ大統領で，ニューディール政策を推進した。1943年のカイロ会談や1945年のヤルタ会談にも参加した。
(4)Bは朝鮮をめぐる日清露の関係を描いたものである。
問2．①正文。三国干渉を機に朝鮮はロシアに接近した。これに対して日本公使三浦梧楼らは1895年に閔妃らを殺害した。
②正文。ロシアは満州に軍隊を駐屯させて，朝鮮や清への影響力を強めた。
③誤文。日英同盟は1902年に締結された。三国協商とは，1904年の英仏協商と1907年の英露協商によっておのずから成立したドイツに対する包囲体制を指すので，日露戦争後のことである。
④正文。1901年の北京議定書によって，列強は清に対して巨額の賠償金の支払いを認めさせたほかに，北京周辺に軍隊を駐留させる権利も獲得するなど，列強による帝国主義的な中国分割はさらに進んだ。

(6)大戦景気

解答　問1．(1)―b　(2)―b　問2．②
解説　問1．(1)日本はイギリス・アメリカに次いで世界第3位の海運国に成長した。
(2)内田信也は内田汽船・内田造船の創業者で，典型的な船成金としても知られている。川崎正蔵は川崎造船所を創始した。
問2．②誤文。昭和時代の戦時経済統制下の状況を説明した文である。

48　列強の中国分割と東アジアの国際情勢

解答　問1．(1)―b　(2)―a　(3)―a　(4)―b　(5)―a
(6)―b　(7)―b　(8)―a　(9)―b　(10)―a　(11)―a　(12)―b　(13)―a　(14)―b　(15)―b　問2．③
解説　問1．(6)②は山東省のエリアである。
(8)④は広東省のエリアである。
(13)ウィルソンは28代アメリカ大統領で14か条の平和原則を提唱した。
(14)日本からは全権として駐米大使幣原喜重郎，海相加藤友三郎，貴族院議長徳川家達が参加した。

(15)四カ国条約は1921年に太平洋問題に関してアメリカ・イギリス・フランス・日本の間で締結され，それによって日英同盟の廃棄が同意された。九カ国条約は1922年，この4カ国にイタリア・ベルギー・ポルトガル・オランダ・中国を加えて中国の主権尊重・門戸開放・機会均等などが定められ，これによって石井＝ランシング協定が廃棄された。
問2．絵の中の(a)はロシア，(b)は日本，(c)はイギリス，(d)はアメリカである。
①誤文。日英同盟は1902年なので，この絵が描かれた1899年時点ではまだ成立していない。
②誤文。日露戦争開戦は1904年なので，1899年時点ではまだ戦争開始は決定されていない。
③正文。1895年，ロシア・フランス・ドイツが遼東半島の清への返還を求めてきた（＝三国干渉）。
④誤文。「翌年（1900年）に清で起きた反乱の鎮圧」とは北清事変のこと。北清事変を機に満州を事実上占領したのは，イギリスではなくロシアである。

49　鉄道の発達

解答　問1．(1)―b　(2)―a　(3)―a　(4)―b　(5)―a
(6)―b　(7)―b　(8)―b　(9)―b　(10)―b　(11)―a　(12)―b　(13)―a　問2．④
解説　問1．(1)内務省は1873年に設置され，地方行政や治安などを司った。
(2)鉄道は，イギリスからの経済的・技術的援助のもとで建設された。
(5)日本鉄道会社は日本最初の私鉄会社で，華族の金禄公債を元手に設立された。
(6)1891年に上野〜青森間の東北本線が全通した。
(8)グラフからも，営業キロ数は民鉄が官鉄を上回っていたことがわかる。
(9)第1次西園寺公望内閣は立憲政友会を与党に成立した。
(10)鉄道敷設法は1892年に公布された。
(13)国鉄の分割民営化は1987年，中曽根康弘内閣の行政改革の一環として行われ，JR北海道，JR東日本，JR東海，JR西日本，JR四国，JR九州の6つの旅客鉄道株式会社とJR貨物などに分割された。
問2．①正文。1906年に鉄道国有法が制定され，民営鉄道17社が買収された。
④誤文。岩倉使節団が帰国したのは1873年である。最初の官営鉄道は岩倉使節団が帰国する前年，1872年に新橋〜横浜間で開通した。

50　近現代の教育制度

解答　問1．(1)―b　(2)―a　(3)―a　(4)―a　(5)―a
(6)―b　(7)―b　(8)―b　(9)―a　(10)―b　(11)―a　(12)―

a　⒀—a　⒁—b　⒂—a　⒃—a　⒄—b　⒅—b
⒆—b　⒇—a　㉑—a　㉒—b　㉓—b　問2．③
解説　問1．⑴教部省は神祇省の後身として1872年に設置され、神社や寺院に関する事務や教化運動などを司った。
⑵⑶学制はフランス、教育令はアメリカの制度にならった。
⑺⑻⑼義務教育は1907年の小学校令改正によって6年、1947年には教育基本法によって9年に延長された。
⑾1902年に起こった小学校教科書の採用をめぐる贈収賄事件を機に、1903年から小学校教科書は国定制となり、戦後、検定制が復活した。
⒂東京大学は1877年に創設された。
⒃女子英学塾は1900年に創設され、戦後、津田塾大学に改称・発展した。自由学園は羽仁もと子が創設した女子の学校で、のちに男子部も設置した。
⒄寺内正毅内閣は1918年に米騒動の責任を負って総辞職し、立憲政友会の原敬内閣にかわった。大学令によって、帝国大学以外に公立・私立・単科大学の設置が認められた。
⒅小学校が国民学校と改称したのは1941年である。
⒆『国体の本義』は1937年に文部省が発行した国民思想教化のためのテキストである。
㉓1956年、第3次鳩山一郎内閣の時に新教育委員会法が公布され、それによって教育委員は公選制から任命制に切りかえられた。
問2．設問条件に「学制が実施されたころ」とあるので、1872年から1879年までの範囲で考えればよい。
①誤文。絵に描かれた教師が外国人かどうかは正誤判定の基準にはならない。授業内容に着目すると、カタカナで単語を学んでいるようすなので、「英語で授業が行われた」は明らかに誤り。
②誤文。文部省編纂の国定教科書は1903年から使用されたので、学制が実施された時期にはまだ用いられていない。
③正文。絵には男子も女子も描かれている。
④誤文。教育勅語は1890年に制定されたので、学制が実施された時期に教育勅語は存在しない。

51　近代の文学

解答　問1．⑴—a　⑵—a　⑶—b　⑷—b　⑸—a
⑹—a　⑺—b　⑻—b　⑼—b　⑽—a　⑾—b　⑿—b　⒀—a　⒁—a　⒂—b　⒃—b　問2．②
解説　問1．⑴『東海道中膝栗毛』は十返舎一九の作品。『西洋道中膝栗毛』は『安愚楽鍋』とともに仮名垣魯文の滑稽本の作品として知られている。
⑵『雪中梅』は末広鉄腸の政治小説である。
⑷幸田露伴は『五重塔』などを発表し、尾崎紅葉と並び称せられ紅露時代と呼ばれた。
⑸山田美妙には言文一致体の短編集『夏木立』などの代表作

がある。
⑹反自然主義の立場に立ったのは白樺派や耽美派の人々である。
⑺『スバル』は耽美派の文芸雑誌である。
⑻北原白秋は詩人として活躍し、詩集『邪宗門』を刊行した。
⑽田山花袋は自然主義文学の作家で、代表作に『蒲団』や『田舎教師』などがある。
⑾菊池寛は新思潮派の作家で、月刊誌『文芸春秋』を創刊したほか、『父帰る』や『恩讐の彼方に』などを発表した。
⑿印象派とは、フランスで起こった絵画を中心とした芸術運動における風潮の一つ。
⒀江戸川乱歩は推理小説(探偵小説)の基礎を築いた作家で、『怪人二十面相』などを発表した。
⒁外光派は、フランス印象派の影響を受けた明るい色調を特徴とする洋画の画風。
⒃徳永直もプロレタリア文学の代表的な作家で、共同印刷の争議をテーマにした『太陽のない街』を発表した。
問2．①誤文。政治小説は1870〜80年代の自由民権運動期に多く書かれた。
②正文。1890年代の日清戦争期にはロマン主義文学、1900年代の日露戦争期には自然主義文学が文壇の主流となった。
③誤文。新感覚派の作家が活躍したのは1920年代から1930年代にかけてである。
④誤文。プロレタリア文学は大正から昭和初期にかけて盛んになった。

52　近代の絵画

解答　問1．⑴—a　⑵—b　⑶—b　⑷—b　⑸—a
⑹—a　⑺—a　⑻—a　⑼—a　⑽—b　問2．①
解説　問1．⑴工部美術学校は工部省工学寮内に設置され、イタリアから彫刻家のラグーザや画家のフォンタネージらが教師として招かれた。明治美術会は1889年に浅井忠らが創設した日本最初の洋画団体である。
⑵日本美術院は1898年に岡倉天心や橋本雅邦らによって設立された日本画の団体。東京美術学校設立の背景には、岡倉天心や日本の伝統美術の復興を唱えたフェノロサらの尽力があった。
⑶青木繁は白馬会に所属した洋画家で、「海の幸」などを制作した。
⑷春陽会は1922年に設立された在野の洋画団体である。白馬会は黒田清輝や久米桂一郎らによって設立された洋画団体で、脂派と呼ばれた明治美術会の暗い色調に対し、フランス印象派の明るい色調から外光派とも呼ばれた。
⑸「湖水と女」は、日本美術院の研究生であった洋画家の村山槐多が1917年に制作した作品である。
⑹横山大観の作品には「生々流転」のほかに、幼児を描いた

「無我」がある。下村観山は日本画家として活躍し，「大原御幸」などを制作した。

(7)梅原竜三郎には「紫禁城」などの代表作がある。

(8)「黒き猫」は菱田春草の代表作である。

(10)日本美術院展覧会（院展）は，日本美術院が再興された1914年に開催された。

問2．X．正文。二科会は1914年，文展のアカデミズムに対抗するために設立された在野の洋画団体である。

Y．正文。戦争画では藤田嗣治の「アッツ島玉砕」などが知られている。

53 労働運動と農民運動

解答 問1．(1)—a (2)—b (3)—b (4)—a (5)—b (6)—b (7)—b (8)—a (9)—b (10)—a (11)—b (12)—a (13)—a (14)—b (15)—a (16)—b (17)—b (18)—b (19)—a (20)—a (21)—b 問2．④

解説 問1．(1)繊維産業を中心とする軽工業部門が中心であった。

(2)1900年時点において，繊維産業に従事した労働者は工場労働者総数の約6割を占め，その約88%が女性であった。

(3)富岡製糸場は群馬県，雨宮製糸工場は山梨県甲府に所在した。

(4)1886年に三越や大丸などによって共同で設立した東京綿商社が1888年に鐘淵紡績会社に改称・発展した。東京の鐘淵紡績会社では1930年に大規模な労働争議が発生した。

(5)(6)高野房太郎らは職工義友会を母体に1897年に労働組合期成会を組織し，機関誌として『労働世界』を刊行した。

(7)別子銅山は愛媛県にある江戸時代最大の銅山で，住友家が経営した。

(8)田中正造は栃木県選出の衆議院議員で足尾鉱毒事件の解決に尽力し，1901年には議員を辞して天皇に直訴したが果たせなかった。河野広中は自由民権運動に参加した福島県出身の政治家で，県会議長の時に県令三島通庸の強制的な土木工事事業に対して反対運動を展開した（＝福島事件）。

(10)治安維持法は1925年，加藤高明内閣の時に制定された。

(11)細井和喜蔵は紡績工女の実情を『女工哀史』にまとめ，1925年に刊行した。

(12)農商務省は1881年に設置された。

(15)1912年に結成された友愛会は，はじめは労資協調的な性格が強かったが，1921年に日本労働総同盟に改称・発展すると，階級闘争主義的なラジカルな性格を帯びるようになった。

(17)労働争議の発生件数は，1919年時点では約500件だったのが，1931年には約1000件に増えている。

(18)グラフからは，労働争議の発生件数より小作争議の発生件数のほうがはるかに多かったことが読み取れる。

(20)農業協同組合は，1947年の農業協同組合法をもとに各地に設立された。

問2．①誤文。片山潜ではなく，鈴木文治が正しい。友愛会は1912年に結成され，1919年に大日本労働総同盟友愛会に改称し，1921年に日本労働総同盟に発展した。

②誤文。問題条件に「第一次世界大戦後の」とあるので，青鞜社ではなく，1920年に結成された新婦人協会が正しい。平塚雷鳥は青鞜社にも新婦人協会にも参加している。

③誤文。工場法は最初の労働者保護立法なので，「社会運動の激化を防ぐために」制定されたものではない。工場法は1911年に公布され，1916年に施行された。

④正文。全国水平社は1922年に結成された。

54 近代経済界の動向

解答 問1．(1)—a (2)—b (3)—b (4)—b (5)—a (6)—b (7)—a (8)—a (9)—b (10)—a (11)—a (12)—b (13)—b (14)—b (15)—a (16)—a 問2．(1)—① (2)—③

解説 問1．(3)在華紡の「華」とは，中「華」民国のことで，日本の紡績工場が上海や天津，青島などに建設された。

(8)金融恐慌は1927年に発生した。台湾銀行や華族の出資で設立された十五銀行も休業に追い込まれた。

(9)片岡直温は，まだ営業中だった東京渡辺銀行が破綻した旨を失言し，一部の銀行の経営悪化が表面化すると，各地で取り付け騒ぎが起こり，中小銀行の休業や倒産が相ついだ。

(10)第1次若槻礼次郎内閣（＝憲政会内閣）の時には1927年に金融恐慌，第2次若槻礼次郎内閣（＝立憲民政党内閣）の時には1931年に満州事変が起こった。

(12)1923年，第2次山本権兵衛内閣は蔵相に井上準之助を起用して日銀からの特別融資やモラトリアム30日間を実施して震災恐慌の収拾を図った。モラトリアム3週間を実施した田中義一内閣の蔵相は高橋是清である。

(16)管理通貨制度は1942年の日本銀行法によって制度化された。公定価格制度は1939年に公布された価格等統制令にもとづいて実施された。

問2．(1)②誤文。治安維持法が制定されたのは1925年。1922年に結成された日本農民組合は1926年に分裂したのちも，全日本農民組合同盟や全国農民組合などの組織が活動を続けていた。また小作料の減免などを求める小作争議も1920年代以降，発生件数も増加しているので「農家は小作料減免を要求する運動を起こせず」は明らかに誤り。

③誤文。1978年に農林省が改称して農林水産省となった。また農業協同組合（農協）は戦後，1947年の農業協同組合法にもとづいて全国各地に設立されたので，資料に見る1934年当時のできごとではない。

④誤文。小作料が金納となったのは戦後の農地改革の結果なので，「小作料が定額・金納化されていた」は明らかに誤り。

(2)①誤文。1923年に発生した関東大震災とそれにともなう震災恐慌の説明なので該当しない。

②誤文。第一次世界大戦の終結とそれにともなう戦後反動恐慌の説明なので該当しない。

③正文。1929年，アメリカのウォール街の株式市況の大暴落に端を発して世界恐慌が起こった。

④誤文。明治時代に行われた松方財政の説明なので該当しない。

55 鉄道が関係する事件と世相

(1)昭和戦前の事件

解答 問1．(1)—a (2)—b (3)—b (4)—b (5)—a
(6)—b (7)—b (8)—b (9)—b (10)—a 問2．③

解説 問1．(2)石原莞爾(かんじ)は「世界最終戦論」を唱えた陸軍軍人で，満州事変を主導した。

(3)田中義一は立憲政友会総裁。田中義一内閣は張作霖爆殺事件の処理をめぐって総辞職した。

(6)第1次若槻礼次郎内閣は憲政会内閣で，第2次若槻礼次郎内閣は立憲民政党内閣である。

(7)(8)溥儀は満州国の成立に際して執政となり，1934年に皇帝となった。

問2．Ⅰ．フランス領インドシナ北部(北部仏印)への進駐は1940年で，第2次近衛文麿内閣の時である。

Ⅱ．「国民政府を対手(あいて)とせず」は1938年に近衛文麿が行った第1次声明である。

Ⅲ．アメリカは，1941年の南部仏印進駐に対抗する経済措置として，対日石油輸出禁止措置をとった。

(2)戦後のできごと

解答 問1．(1)—b (2)—a (3)—a (4)—b (5)—b
問2．②

解説 問1．(1)引揚げとは，終戦にともなって米英占領地やソ連・中国など海外から民間人が帰国すること。復員とは，戦地にいた陸・海軍軍人が召集を解かれて帰国し，家庭に戻ることである。

(4)ドッジは赤字を許さない超均衡予算の編成や，1ドル＝360円とする単一為替レートの設定など，一連の政策を実施した。これをドッジ＝ラインという。

(5)砂川事件は東京都の立川米軍基地の拡張に対する反対闘争で，1955年ごろから発生し，1956年には警官隊とピケ隊が衝突し，多くの負傷者を出した。

問2．①誤文。食糧メーデーは1946年に皇居前広場で行われたが，主催したのは政府ではない。これに対してマッカーサーは「暴民デモは許さず」と声明した。

②正文。都市部に住む人々が農村に買出しに出る光景が日常的となった。

③誤文。農産物の強制買い上げ，特に米の供出制が始まったのは1940年である。

④誤文。農地改革においては在村地主の土地については一定面積に上限を設けたので「地主の所有する～」以下はすべて誤り。また，農地改革は食糧増産を目的としたものではない。

56 農地改革と占領期の経済事情

解答 問1．(1)—a (2)—b (3)—b (4)—b (5)—a
(6)—b (7)—a (8)—a (9)—b (10)—b 問2．②

解説 問1．(1)幣原喜重郎は1945年10月，東久邇宮稔彦内閣のあとを受けて組閣した。吉田茂が第1次内閣を組織したのは1946年5月である。

(5)自作農創設特別措置法は，改正農地調整法とともに第2次農地改革を支える基本法として1946年に公布された。農業基本法は1961年，池田勇人内閣の時に公布された。

(6)農地委員会の構成は地主：自作：小作＝3：2：5に変更され，相対的に小作農の立場が強化された。

(8)(9)グラフⅠは「農地」の比率を自作地と小作地の対比で示したもので，グラフⅡは「農家」の比率を自作農と自小作農と小作農の対比で示したものである。自小作とは自作農でありながら小作も兼ねた農家のこと。

(10)日本農民組合は，戦後の農民運動の中心的な組織として1946年に組織された。農業協同組合は，農村の民主的再建と農業経営の円滑化を推進させるための組織として，1947年以降各地に設立された。

問2．Aくん：誤り。朝鮮戦争が勃発したのは1950年なので，1948年までの物価上昇の要因とは考えられない。

Bくん：正しい。金融緊急措置令は1946年，幣原喜重郎内閣のもとで発布された。インフレーションを収束させるために，新円への切り替えと預金封鎖を通して通貨量の縮減を図ったが，1947年以降も小売物価指数は上昇しているので，効果は一時的なものであったと考えざるを得ない。

Cさん：誤り。1949年に物価高騰が収まったのはドッジ＝ラインによる効果で，インフレは収まったものの，一転してデフレを招いた。傾斜生産方式が採用されたのは1947年で，第1次吉田茂内閣・片山哲内閣・芦田均内閣において実施された。

Dさん：誤り。米穀配給制度は米穀通帳制のもとで戦後もしばらく続いたが，欠配や遅配が多くなったため，人々は代用食で済ませたり，農村への買出しや闇市を利用するなどして飢えをしのいだ。米穀を配給するための通帳制が正式に廃止されたのは1981年なので，「敗戦直後に米穀配給制度が廃止された」は誤り。

57 さまざまな大衆運動

解答 問1．(1)—a (2)—b (3)—a (4)—b (5)—a (6)—b (7)—a (8)—a (9)—a (10)—b (11)—b (12)—b 問2．①

解説 問1．(1)労働三法のうち，労働組合法は1945年，労働関係調整法は1946年，労働基準法は1947年に公布された。

(2)「経営陣を除いて」が決め手となる。生活防衛のために労働者や労働組合が企業を管理・運営する形態をとり，1946年半ば以降に盛んになったが，まもなく衰退した。生産性向上運動とは，労資協調のもとで，生産性の向上を図りながら成果の公平な分配を目指す運動で，1950年代半ば以降に盛んになった。

(4)食糧メーデーとは，1946年5月1日の復活メーデーのあと，5月19日に皇居前広場で開かれた飯米獲得人民大会のことで，俗に「米よこせメーデー」ともいった。マッカーサーは翌日「暴民デモは許さず」との声明を出したことで運動は鎮静化した。メーデー事件とは1952年5月1日，独立後最初に開かれたメーデーにおいて皇居前広場で警官隊とデモ隊が衝突した事件である。皇居前広場事件とも，血のメーデー事件ともいう。

(5)破壊活動防止法はメーデー事件を機に1952年に公布された治安立法で，破壊的活動を行う団体の調査機関として公安調査庁も設置された。新警察法は1954年に公布され，都道府県警察からなる国家警察に一本化することによって，警察機構の中央集権化が図られた。

(6)「石川県」がヒント。内灘事件は1952〜53年にかけて起こり，基地反対闘争が全国化する嚆矢となった。横田は東京都多摩地域に所在する横田飛行場のことで，航空自衛隊とアメリカ空軍の基地がある。

(11)B29は太平洋戦争において日本本土空襲などに運用されたアメリカの爆撃機。戦後は朝鮮戦争でも運用されたが，ベトナム戦争のころに退役した。B52爆撃機がはじめて参戦したのはベトナム戦争においてで，嘉手納基地などから出撃して北ベトナムまで長距離飛行し，絨毯爆撃を実戦した。

問2．写真Xから「オナカガペコペコ」という訴えを読み取ればよい。写真Yは1969年におこった大学紛争のようすで，左側に見える高い建物は安田講堂である。

58 戦後経済の復興と経済大国への成長

解答 問1．(1)—a (2)—a (3)—b (4)—a (5)—b (6)—b (7)—b (8)—a (9)—b (10)—a (11)—a (12)—b (13)—b (14)—a (15)—a (16)—a (17)—a (18)—a (19)—a (20)—a (21)—a (22)—a 問2．①

解説 問1．(2)復興金融金庫は，石炭・鉄鋼・電力・肥料などの重点産業を復興させるための融資機関として設置されたが，通貨量の増大によってインフレを助長する結果となった（＝復金インフレ）。国際復興開発銀行は1945年に設立され，加盟国が復興するための融資機関として1946年から業務を開始。日本は1952年に加盟した。

(3)経済安定九原則とは，均衡予算・徴税強化・融資制限・賃金安定・物価統制・貿易管理の改善・輸出振興・原料増産・食糧集荷の改善の9項目のことで，日本経済の自立化を促すために1948年にGHQが第2次吉田茂内閣に示した。

(4)シャウプはコロンビア大学教授で，1946年に来日して税制改革を勧告した。

(5)三鷹事件とは，東京都の国鉄三鷹駅構内で無人電車が暴走して民家に突入し，多くの死傷者を出した事件。三河島事故とは，1962年に常磐線の三河島駅構内で起こった旅客電車と貨物列車による二重衝突事故である。

(6)1955〜57年の神武景気に続いて，1958〜61年に岩戸景気が到来した。

(8)ブロック経済とは，本国と植民地との間で保護貿易を展開しながら閉鎖的かつ排他的な経済圏を確立する政策のことである。

(9)日本は1952年にIMF（国際通貨基金）に加盟したが，1963年までは14条国で為替管理が認められていたが，1964年，8条国に移行することによって，国際収支を理由に為替管理が行えない国となった。また日本は1955年にGATT（関税及び貿易に関する一般協定）に加盟したが，当時は12条国で，輸入制限が認められる国であった。それが1963年には11条国に移行し，国際収支を理由に輸入制限ができない国となった。

(10)キングストンはジャマイカの首都。1976年に開かれたキングストン会議で，固定相場制から変動相場制に移行することが正式に承認された。

(12)その結果，多くの炭鉱が閉山に追い込まれ，石炭産業は斜陽化した。

(13)(14)1950年代の三種の神器は，白黒テレビ・電気冷蔵庫・電気洗濯機，1960年代以降の新三種の神器はカー・クーラー・カラーテレビのいわゆる3Cであった。

(15)イは新潟県，ロは富山県。イタイイタイ病は富山県の神通川流域に広がった公害病である。新潟県でも阿賀野川流域で水俣病が発生した。

(16)ハは三重県の四日市で，臨海地域で多くのぜんそく患者を出した。ニは熊本県で，水俣湾周辺で手足のしびれなどをともなう水俣病が発生した。

(18)環境基本法は1993年に公布された。

(19)第1次石油危機は1973年の第4次中東戦争を機に起こり，第2次石油危機は1979年のイラン革命を機に起こった。

(21)牛肉・オレンジの輸入自由化が決定されたのは竹下登内

閣の時で，米の部分開放が決定されたのは細川護煕内閣の時である。

㉒プラザ合意は1985年の先進5カ国財務相・中央銀行総裁会議（＝G5）で成立した。ルーブル合意は，1987年の先進7カ国財務相・中央銀行総裁会議（＝G7）で，プラザ合意後のドル安に歯止めをかけるための合意として成立した。G5は第2次中曽根康弘内閣，G7は第3次中曽根康弘内閣の時である。

問2．a．正文。上から5番目の品目「果実」に着目する。1955年度から1965年度にかけての自給率は104％→100％→90％と下降し，1985年には77％となった。その変化は，低下した分だけバナナやパイナップル，グレープフルーツといった外国産果実の輸入が増加したことを物語っている。

b．誤文。品目欄の最下段にある「魚介類」に着目する。自給率は1955年度の107％から1985年度の93％に微減したが，それでも自給率は9割を超えているので，「輸入に大きく依存するようになった」とはいえない。

c．正文。自給率が低下した品目を見ると，「小麦」と「大豆」が顕著である。小麦はパンやパスタ（スパゲッティやマカロニなど）の原料として，大豆は洋食のソテーには欠かせないサラダ油などの原料として輸入された。

d．誤文。品目欄の「米」に着目すると，1965年度の一時期を除いて，1955年度の110％から1985年度の107％までほぼ横ばいとなっているので，米の自給率は保たれていると考えてよい。したがって，「輸入米が増加した」は誤り。

大学入学共通テスト・国公立2次・私立大対応

日本史 図版・史料 読みとり問題集（解答）

2020 年 3 月 10 日　第 1 版第 1 刷　発行
2021 年 9 月 30 日　第 1 版第 2 刷　発行

　　　　著　者　　菅野祐孝
　　　　発行者　　野澤武史
　　　　印刷所　　明和印刷株式会社
　　　　製本所　　有限会社　穴口製本所

発行所　　　株式会社　山 川 出 版 社
〒101-0047　東京都千代田区内神田 1 丁目13番13号
電話　03（3293）8131（営業）　03（3293）8135（編集）
https://www.yamakawa.co.jp/　振替00120-9-43993

Ⓒ　2020　Printed in Japan　　　ISBN978-4-634-01206-6